JN234186

高齢者が楽しめる
伝承おり紙教室

浅利信一 編著

いかだ社

はじめに

紙をおりたたむ遊び

　"紙をおる"ということは、紙の発明とともに始まったものと思われる。紙は、中国の元興元年（105）に我が国に伝えられたといわれ、その後、推古天皇18年（610）に聖徳太子により、高麗より製紙技術が導入されたが、それは"写経"のためであったといわれる。

　その昔、紙は貴重な物で、奈良時代の頃（700年代）は"写経""形代""散華"のような信仰用に限られて使われてきたが、やがて生産技術が日本独特の発展をとげ、供給量にゆとりができるようになった平安時代（800～1000）になると、上流階級の暮らしの中で物を包む風習が生まれ、それとともに紙をおって遊ぶということもおこなわれるようになった。

　平安時代に始まった"切り込みおり紙"が、遊びのためのおり紙の一つの流れで、これは"紙雛"や"紙人形"に発展した。もう一つの流れは、室町時代（1338～）に始まった"具象おり"で、江戸時代（1603～）には"おり形"とか"たたみ紙"といわれた。しかし、江戸時代になっても紙は貴重品だったので、上流階級だけの遊びであり、一般に普及したのは明治時代（1867～）になってからだ。

"おり紙"は、もともとは白い無地の和紙が使われていたが、江戸時代に、模様のついた"千代紙"がつくられ、きれいな色や柄のついた和紙が使われるようになった。明治時代になると、洋紙の色染紙が量産されるようになり、現在の正方形の"おり紙"となり、教育教材として扱われるようになった。

　現在の日本には良い紙がたくさんある。和紙は、独特の品格があるうえに、しなやかで丈夫で、洋紙には見られない性質を持っているので、民芸品によく見られるように、優れた芸術品がいろいろできている。もちろん洋紙も、良質のものが多種量産されている。

　"伝承おり紙"の作品の中には、和紙だからできたもの、和紙ならではのものもあるが、中には、洋紙のほうが効果的なものもあるようだし、思いもよらぬ機能が生まれたりすることもある。

　いろいろな紙が身近にふんだんにあるということはありがたいことだ。包装紙、広告紙などを使ってもおもしろい味や趣きのものができたり、思わぬ効果を得られる場合もある。それらの紙の持つ本当の味を生かせるようなおり紙を心がけたい。

親から子へと伝えられてきたおり紙

　最新のおり紙として脚光をあびている"ユニットおり紙"は、昭和50年代（1975）になってから一般に普及しはじめた新しい傾向のおり紙で、おり紙の"数学教材"

としての可能性を指向しているといわれる。つくろうとする形を単純な"単位（ユニット）"に分解し、それを組み合わせて目的の形につくりあげるというものである。最近では"いやしのおり紙"として話題になっている。

最先端のおり紙に対し"古典おり紙"と呼ばれるものがある。江戸時代に記された3つの書物（資料）で『千羽鶴折形』（寛永9年〈1797〉初版）、『折形手本忠臣蔵』（1800年頃）、『かやら草』（弘化2年〈1845〉完成）である。

新旧二つの分野の中間ともいえるのが"伝承おり紙"である。紙の量産が可能になり、一般庶民にも、紙が気がねなく使えるようになった江戸時代の中期頃から、物を包む技術"折形"とともに遊技おり紙として発展したもので、"古典おり紙"と平行して300年余の昔から、親から子へ、子から孫へと何代にもわたっており伝えられてきたものだ。

その昔からおり伝えられた作品を"伝承おり紙"と呼んでいるが、近頃では研究者により工夫された作品も次々とおりだされ"創作おり紙"などといっている。

"伝承おり紙"を楽しみ、味わう喜び

おり紙は、素材が"紙"であるため、こわれやすく、散逸しやすいものであるにもかかわらず、多くの作品が今に伝えられているのは、物をつくる楽しさを、紙1枚で手軽に誰にでも与えてくれるからなのだろう。永い歴

史の中では多くの作品がつくられただろうが、時代の流れの中で、むずかしすぎるもの、無理なおりのものなど、自然に消滅してしまったものも少なくないだろう。しかし、現代に伝えられた作品の多くのものが愛好されている。そこには、時間を超えて私たちの心に呼びかける新鮮さがあるからではなかろうか。
　日本の"伝承おり紙"は、紙をおりたたんで「何に見えるか？」という"見立ての造形遊び"だという人もいる。また、おり紙は、他人のおり方をまねて覚える"模倣の作業"などともいわれているのだが、同じ基本おりから全く別なものができたり、違うおりを組み合わせて思いがけないものができたりする。
　"伝承おり紙"の作品は平面的だと思われているが、意外と立体的なものも多くあるし、平面的な作品も工夫すれば立体化することもできる。また、改作によって思いがけなかった機能も生まれ、"動かせる──動かして遊べる"ようになる。伝承作品というものは、永い時間の中を生きぬいており伝えられてきたものであり、ほとんど完成されたもので、そこには、もうまったく"改良"の余地はないと思われるのだが、"おり順"や"おり方"を変えることによって、工程をはぶきより簡単におれるなど、そこにはまだ改良の余地がのこっているのではないだろうか──そんなものをさがしてみよう。

高齢者が楽しめる
伝承おり紙教室
もくじ

はじめに ……………………………………… 2

本書の使い方 ……………………………… 10

鶴のいろいろ ……………………… 12

おり方1　正方基本形 ……………… 14
1 おり鶴と立ち鶴 …………………… 15
2 おり羽鶴と御所鶴 ………………… 16
3 鶴の薬味入れ ……………………… 17
4 ふくら雀と箱鶴 …………………… 18
5 扇鶴 ………………………………… 20
6 ツートンカラーのおり鶴 ………… 21
7 はばたく鶴A ……………………… 22
8 はばたく鶴B ……………………… 23

風船のいろいろ …………………… 24

おり方2　風船基本形 ……………… 26
9 紙風船 ……………………………… 28
10 うさぎ（雪うさぎ）……………… 30
11 金魚 ………………………………… 31

| 12 風船風車 …………………………… 32
| 13 起きあがり …………………………… 33
| 14 雨がさ ………………………………… 34
| 15 食いつき花 …………………………… 35

動く動物のいろいろ ………… 36

おり方3　凧基本形 ………………… 38
| 16 ゴンベエカラス …………………… 38
| 17 ワンワン君 ………………………… 39
| 18 はねるバッタ ……………………… 40
| 19 よちよちペンギン ………………… 41
| 20 跳びカエル A・B ………………… 42

かぶとのいろいろ …………… 44

おり方4　かぶと基本形 …………… 46
| 21 かぶと ……………………………… 47
| 22 金魚 ………………………………… 48
| 23 動物の指人形 ……………………… 50
| 24 ゲコゲコカエル A・B …………… 52

遊べるいろいろ …………………… 54

  おり方5　ザブトン基本形 ………… 55
  おり方6　オルガン基本形 ………… 55
  ㉕ おしゃべりなカラスとネズミ …… 56
  ㉖ オルガンとカンムリ ……………… 58
  ㉗ キツネ面とエリマキトカゲ ……… 59

奴さんのいろいろ ……………… 60

  ㉘ 奴さんとはかま …………………… 62
  ㉙ 奴さんの七変化とパッチリカメラ … 64

舟のいろいろと勲章 …………… 66

  ㉚ ボートＡ・Ｂ・Ｃ ………………… 68
  ㉛ ヨットから豪華客船へ …………… 70
  おり方7　二双舟基本形 …………… 72
  ㉜ 風車・二双舟・だまし舟 ………… 72
  ㉝ 勲章 ………………………………… 74

組み合わせのいろいろ ……… 76

- 34 3つ手組みと4つ手組みの風車 …… 78
- 35 4枚組みのこまA・B ……………… 80
- 36 7色のこま ………………………… 82
- 37 メンコとコースター ……………… 84
- 38 ドビン敷 …………………………… 86

包みおりのいろいろ ……… 88

- 39 かぶとをおり出した粉包み ……… 89
- 40 鶴のはし包み ……………………… 90
- 41 鶴の年玉包み ……………………… 91
- 42 鶴の祝い包み ……………………… 92
- 43 鶴の慶事粉包み …………………… 93

本書の使い方

おり紙を始める前に、基本的な
おり方と記号を覚えよう

おり方の用語と基本

　この本では、それほどむずかしいおり方のものはないので、ごく基本的な約束ごとのみ記しておきます。

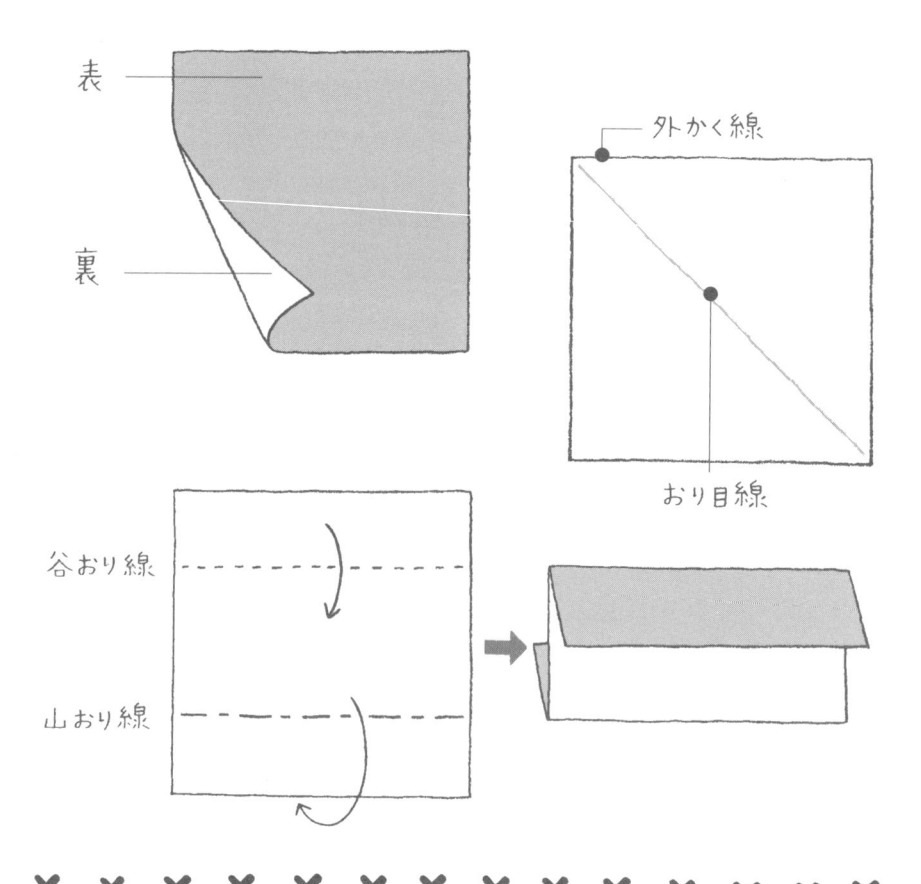

表
裏

外かく線
おり目線

谷おり線
山おり線

切り落とす

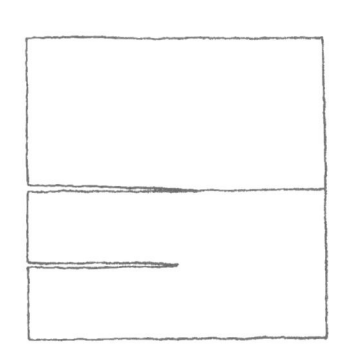

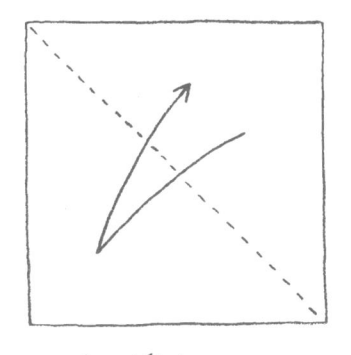

切り込む

おり線をつける
おってもどす。

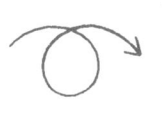

裏返す
向きを変える

図を拡大する

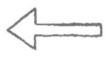

開いてつぶす

息を吹き込む

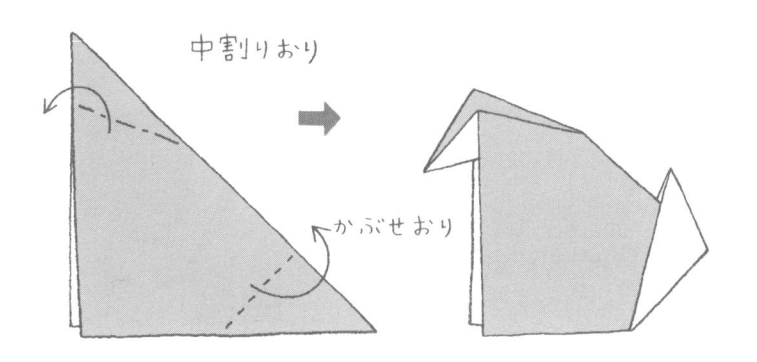

中割りおり

かぶせおり

鶴のいろいろ

"おり鶴"は昔からおり伝えられてきた日本の"伝承おり紙"の代表傑作である。

江戸時代の寛永9年(1797)、伊勢桑名の長円寺の僧侶魯縞庵義直が『千羽鶴折形』という小冊子をあらわし、これが一番古いおり紙の本といわれる。その作品は、1枚の紙に切りはなさないように切り込みを入れて、鶴のつなぎ模様をつくるというもので、49種がのっている。

日本の"伝承おり紙"は"見立ての造形遊び"ともいうべきもので、何かに見立ててつもりになれるのを喜ぶ意味から、おり紙のおもしろさは"制約のおもしろさ"であるともいえるのだろう。

"おり紙"は古くからおり伝えられてきたが、それだけに変化形も多く、さらに創意工夫を重ねていろいろな"鶴"がおりだされている(御所鶴, 折羽鶴, 立鶴, 祝鶴箱鶴, はばたく鶴, 鶴香箱, 扇鶴など)。また、"鶴"は縁起が良いことから祝儀包みや箸包みなどにおり込んだものが多くある。

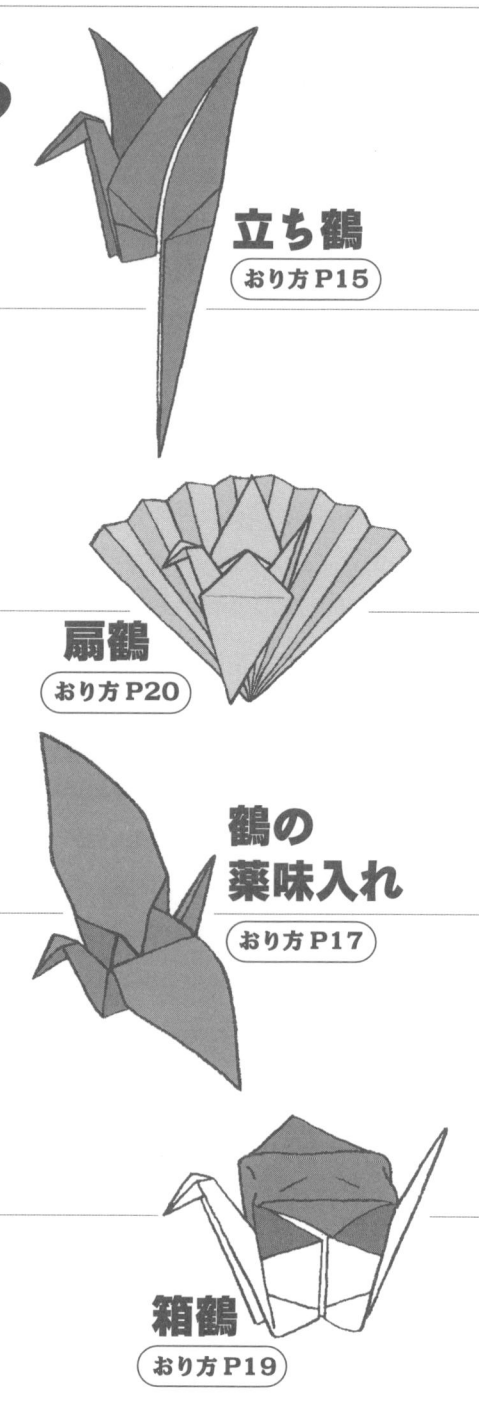

立ち鶴
おり方P15

扇鶴
おり方P20

鶴の薬味入れ
おり方P17

箱鶴
おり方P19

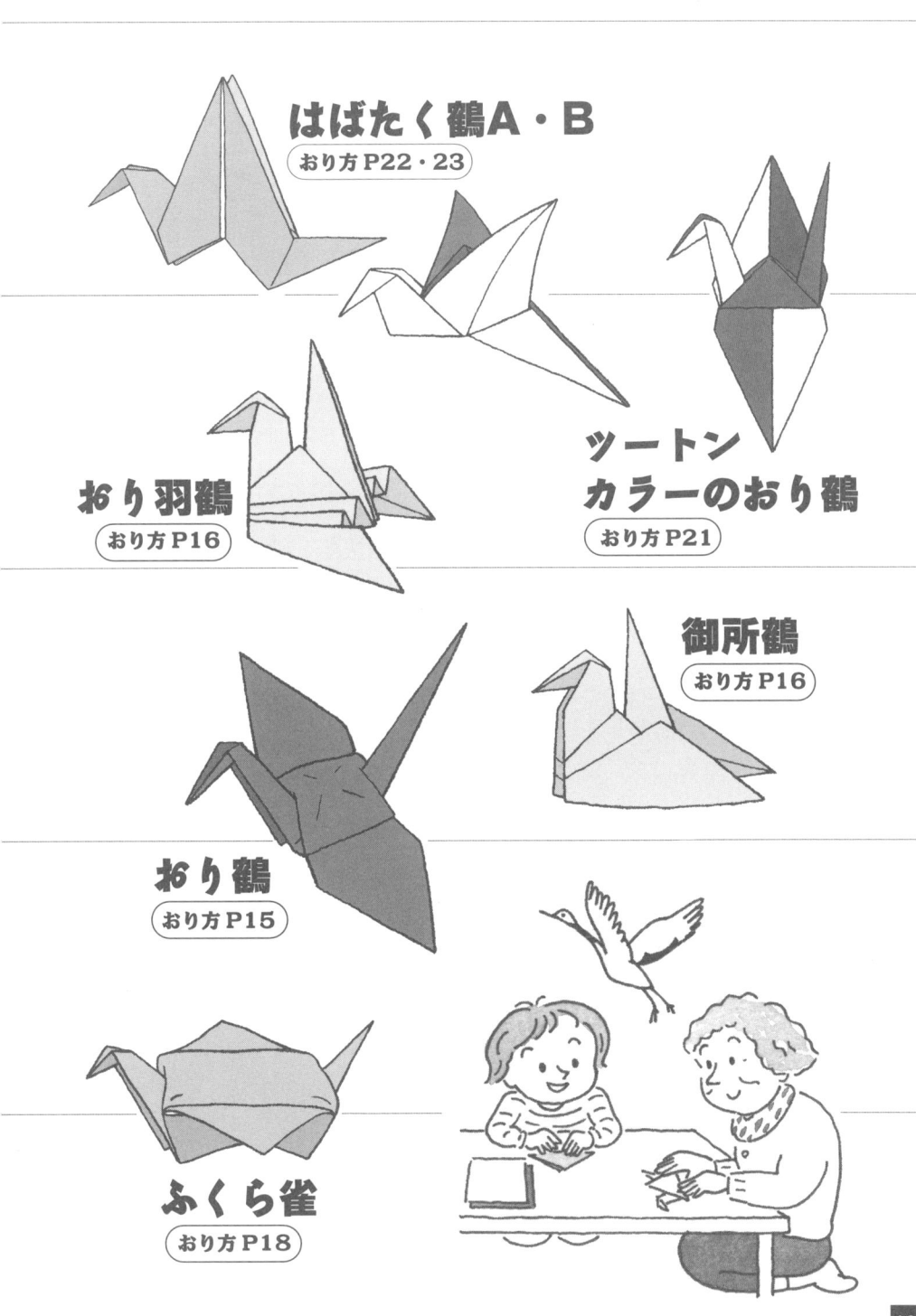

はばたく鶴A・B
おり方P22・23

おり羽鶴
おり方P16

ツートンカラーのおり鶴
おり方P21

御所鶴
おり方P16

おり鶴
おり方P15

ふくら雀
おり方P18

おり方 1
正方基本形

① "おり鶴"をおるには、まず正方形の紙を三角に2回おってから、"正方基本形"にするのが一般的です。また、長四角おりにして左右を裏表に三角におると、開いてつぶす手間が1回ですむし、きれいにおれます。

◎従来のおり方　　◎簡単なおり方

②

③

まん中を開いてつぶす。

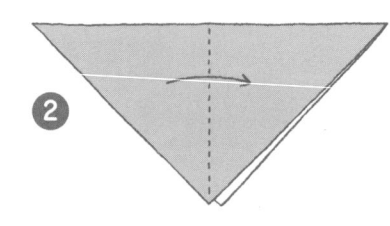

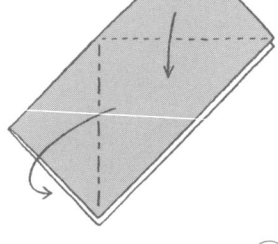

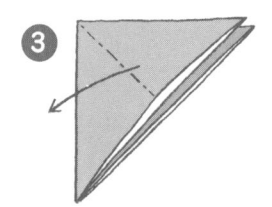

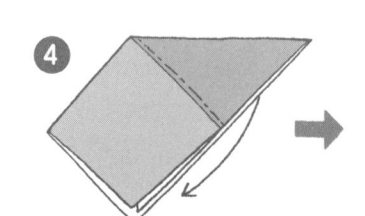

④

[正方基本形]

1 おり鶴と立ち鶴

正方基本形 P14

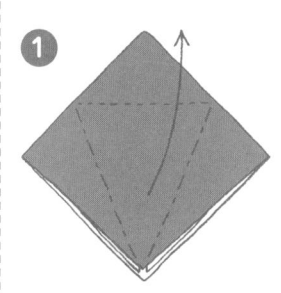

❶ おり線をつける。

❷ 開いており線に合わせておりたたむ。

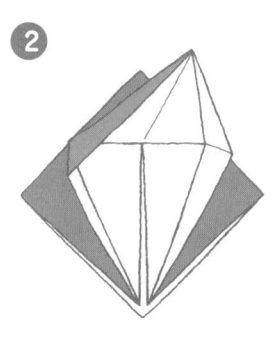

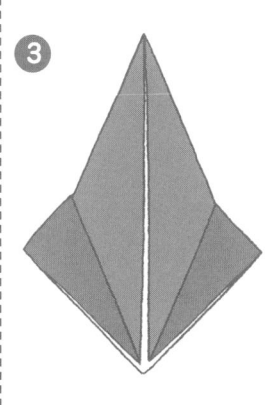

❸ 裏返して同じにおる。

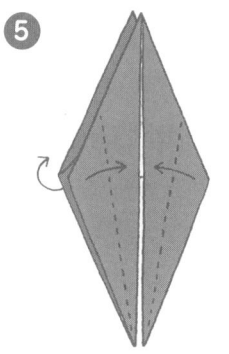

❹ [鶴基本形]

❺ 裏返して同じにおる。

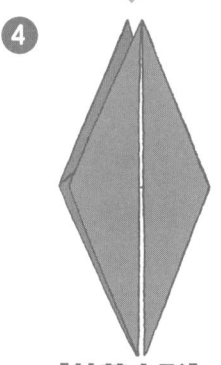

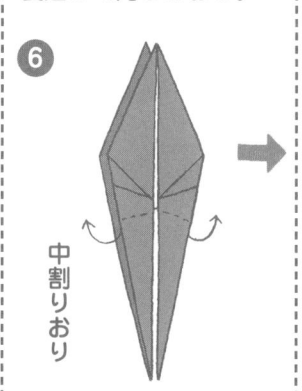

❻ 中割りおり

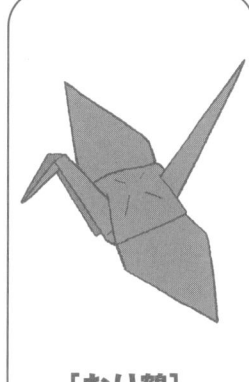

❼ 中割りおり　羽を広げて完成。

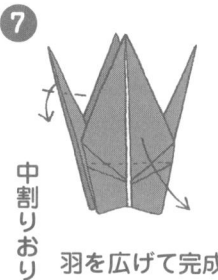

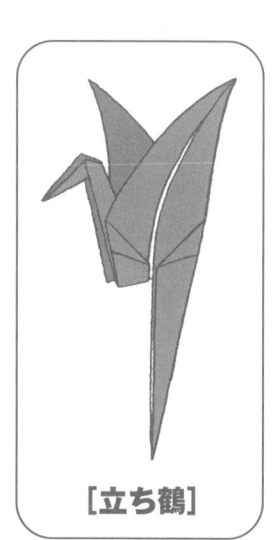

[おり鶴]

[立ち鶴]

2 おり羽鶴と御所鶴

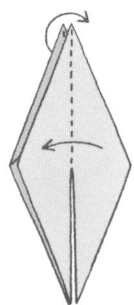

鶴基本形 P15

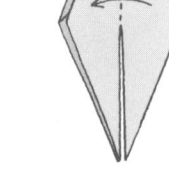

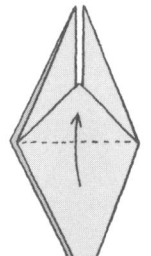

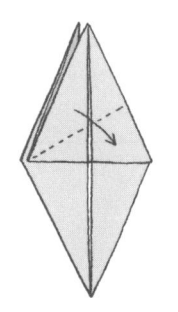

①
②
③
④ 裏返して同じにおる。

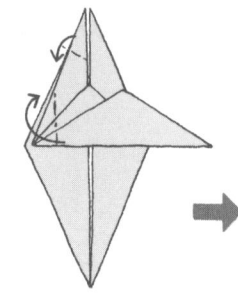

② 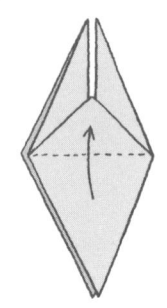
③

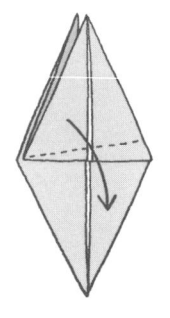

④ 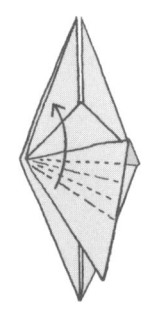
⑤ 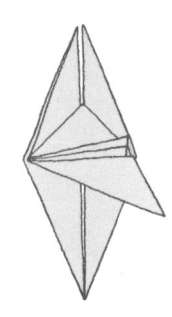 裏返して同じにおる。
⑥ 中割りおり

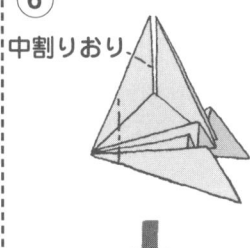

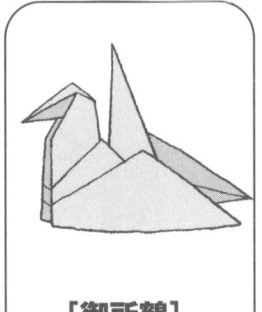

[御所鶴] 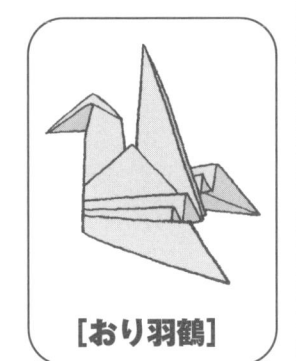 [おり羽鶴]

3 鶴の薬味入れ

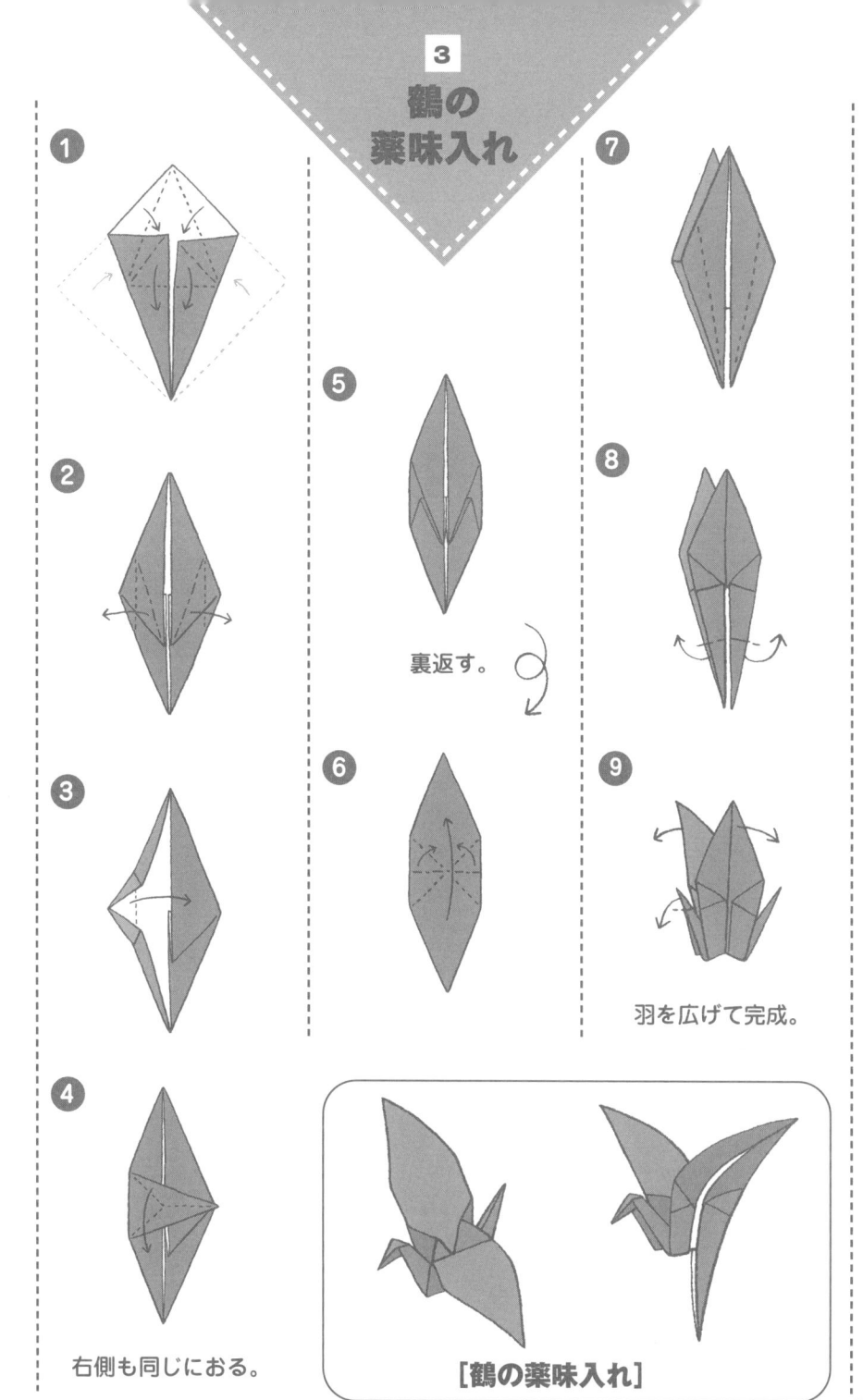

① ② ③ ④ 右側も同じにおる。

⑤ ⑥ 裏返す。

⑦ ⑧ ⑨ 羽を広げて完成。

[鶴の薬味入れ]

4 ふくら雀と箱鶴

正方基本形 P14

①

② 裏返して同じにおる。

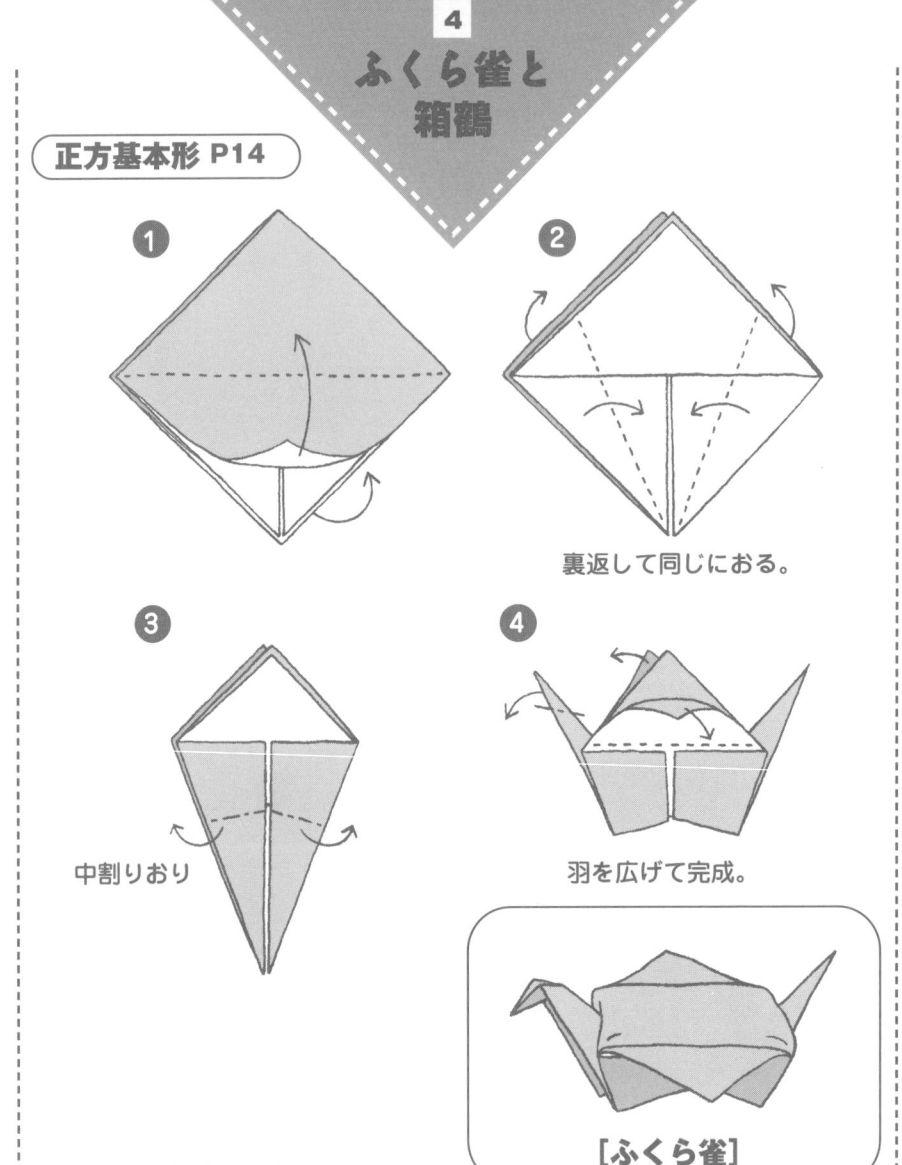

③ 中割りおり

④ 羽を広げて完成。

[ふくら雀]

"箱鶴"とおりくらべてみよう

　ちょっと変わった"おり鶴"がある。正月に紅白一対を飾る地方もあるという。また、お寺や神社に奉納されているのをよく見かける。"千羽鶴"は、箱鶴のほうが豪華に見える。"ふくら雀"という人もいるが、"箱鶴"というのだそうだ。

　"箱鶴"は"ふくら雀"のおり線を変更し、さらに一おり加えている。

正方基本形 P14

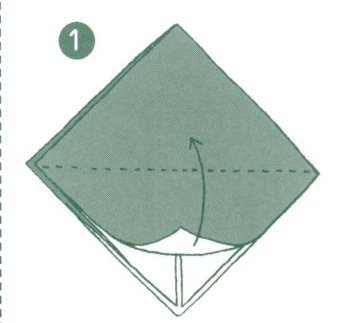

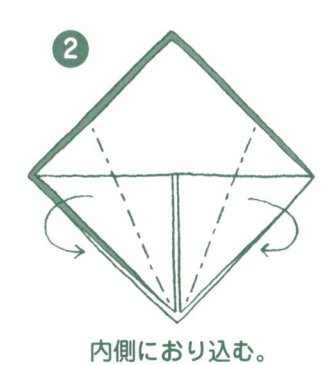

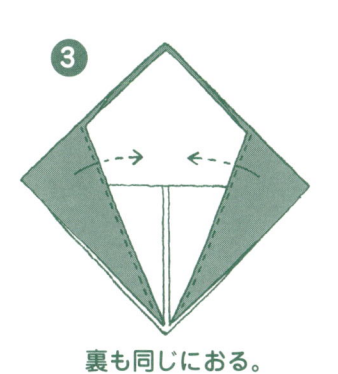

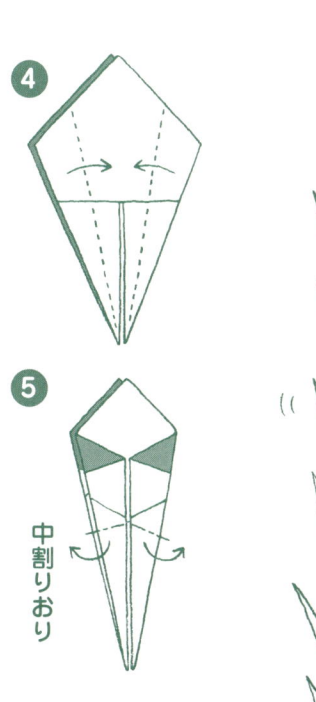

①

② 内側におり込む。

③ 裏も同じにおる。

④

⑤ 中割りおり

⑥ 中割りおり

羽を広げて完成。

[箱鶴]

5 扇鶴

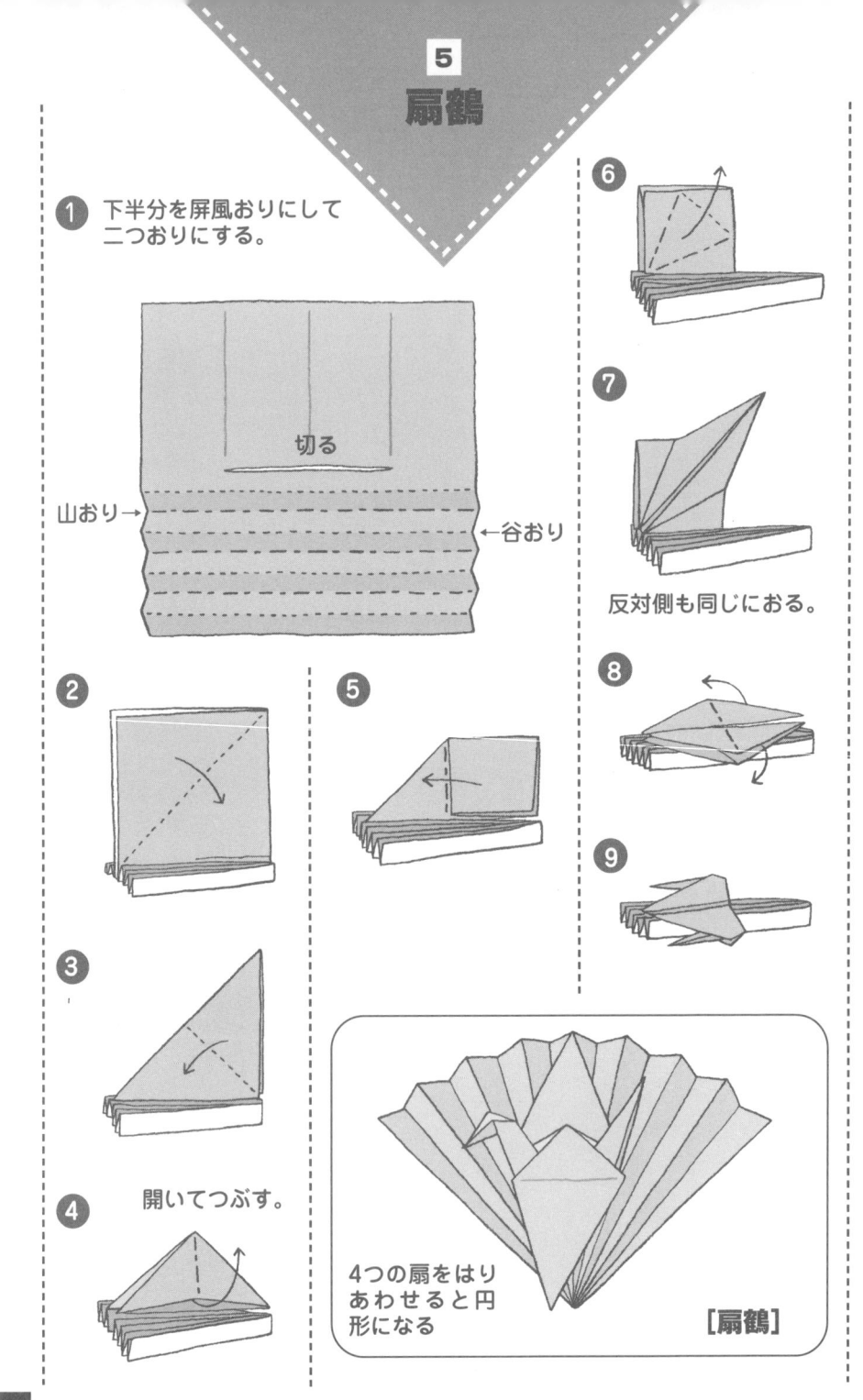

① 下半分を屏風おりにして二つおりにする。

切る

山おり→　　　←谷おり

②

③

④ 開いてつぶす。

⑤

⑥

⑦ 反対側も同じにおる。

⑧

⑨

4つの扇をはりあわせると円形になる

[扇鶴]

6 ツートンカラーのおり鶴

① 三角に2度おって、切り込みを入れて広げる。

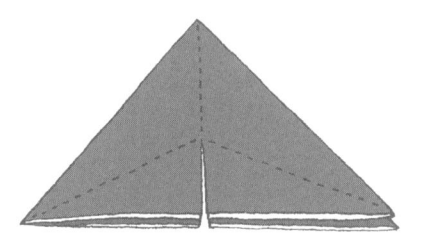

②

裏におる
表におる

③ 中割りおり

④ 鶴をおる [P15参照]。

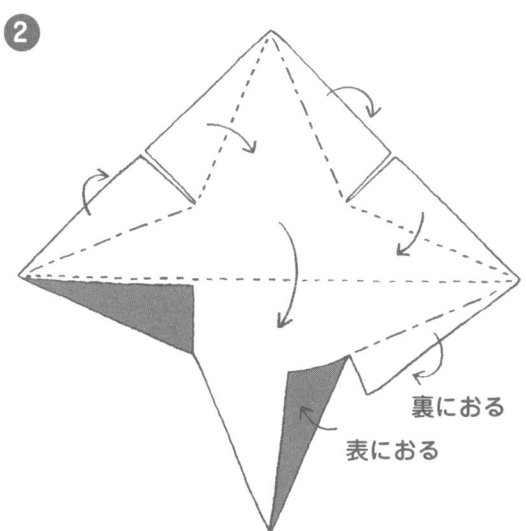

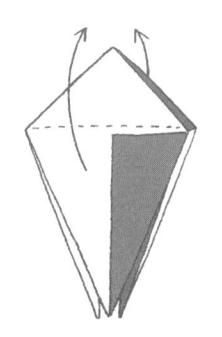

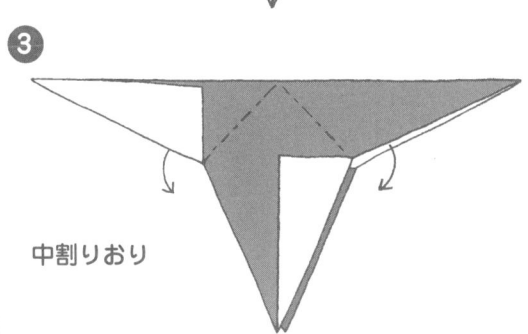

[ツートンカラーのおり鶴]

7 はばたく鶴 A

"おり鶴"には、いろいろな変化形がある。おりを少し変えることで、形の変わった"鶴"になる。"はばたく鶴"もおりの変更で飛ぶ姿にしたものだが、"羽を動かす"という機能も生まれた。

鶴基本形 P15

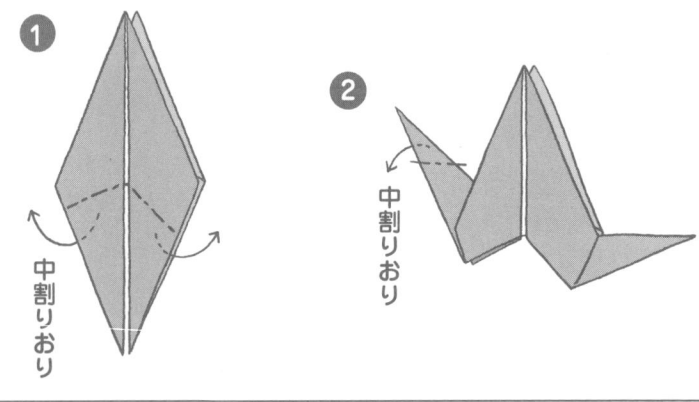

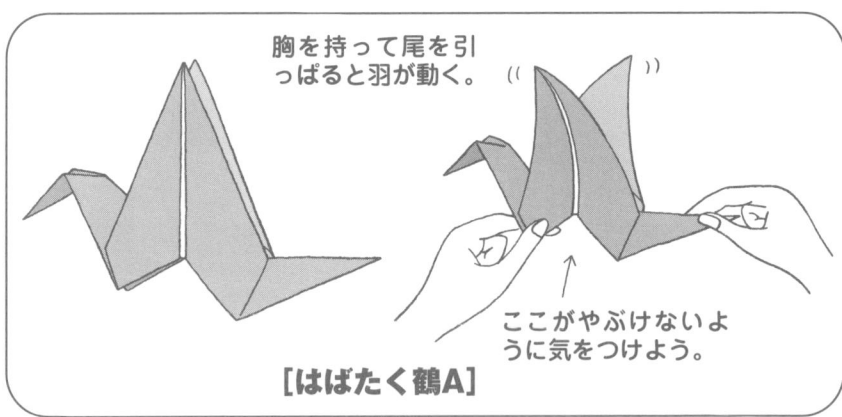

① 中割りおり

② 中割りおり

胸を持って尾を引っぱると羽が動く。

ここがやぶけないように気をつけよう。

[はばたく鶴A]

"はばたく鶴"と同じようなはばたきをする鶴は、風船基本形（P26）からもできる。実は、風船基本形からつくった"はばたく鶴"は鶴基本形の"ひっくり返し"（P27参照）からできているのだ。だから表と裏が逆になるのだが、形は違っても"はばたく"という機能はなくなっていない。

8 はばたく鶴 B

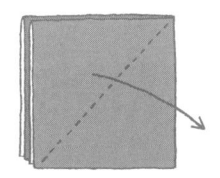

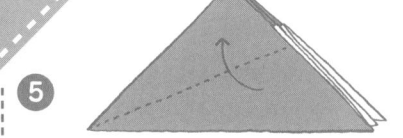

① 長四角におり、もう1度おる。

② 反対側も同じにおる。

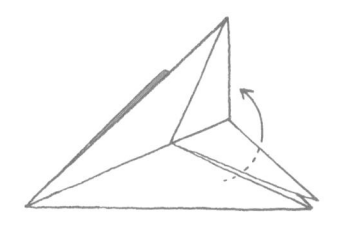

③ 風船基本形 P26
おり線をつける。

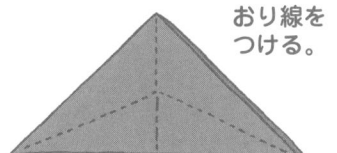

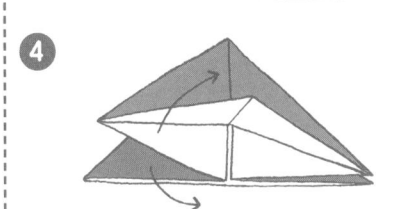

④ おり線に合わせて開き、右側におりたたむ。反対側も同じにおる。

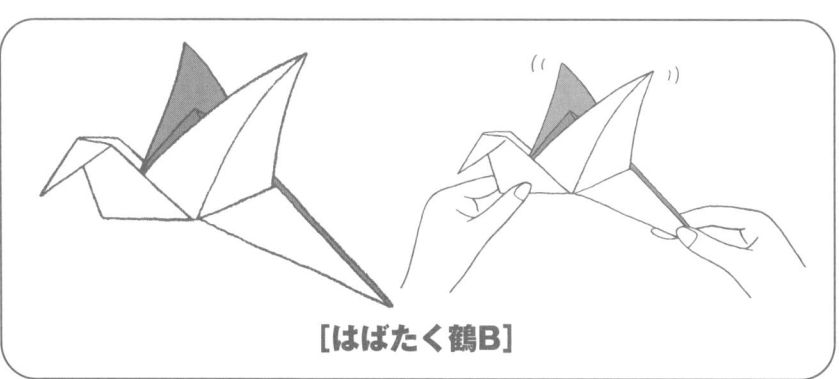

⑤

⑥ 反対側も同じにおる。

⑦ かぶせおり
中割りおり

[はばたく鶴B]

風船のいろいろ

おり紙の"風船"は、かなり古くからおり伝えられたものと思われる。息を吹き込むといっきょに立体になるところが、このおり紙の妙といえよう。千代紙でつくると美しく丈夫である。一辺30cmくらいの紙でつくると、ついて遊ぶのに手ごろな大きさの風船ができる。

サクランボ
おり方P29

うさぎ
おり方P30

起きあがり
おり方P33

雨がさ
おり方 P34

金魚
おり方 P31

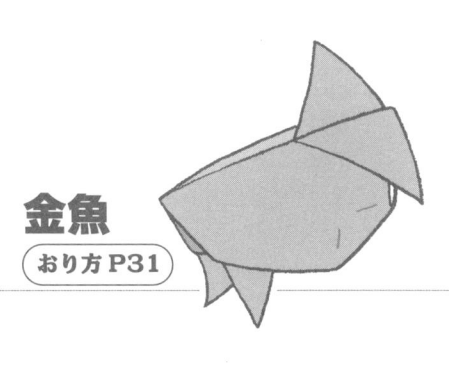

食いつき花
おり方 P35

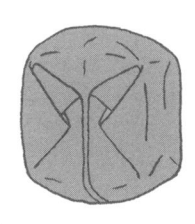

紙風船
おり方 P28

風船風車
おり方 P32

25

おり方2
風船基本形

　風船は、正方形の紙を四つおりしてつくるが、三角形におってから左右を裏表に四角におって、まん中を開いてつぶすと一手間はぶける。

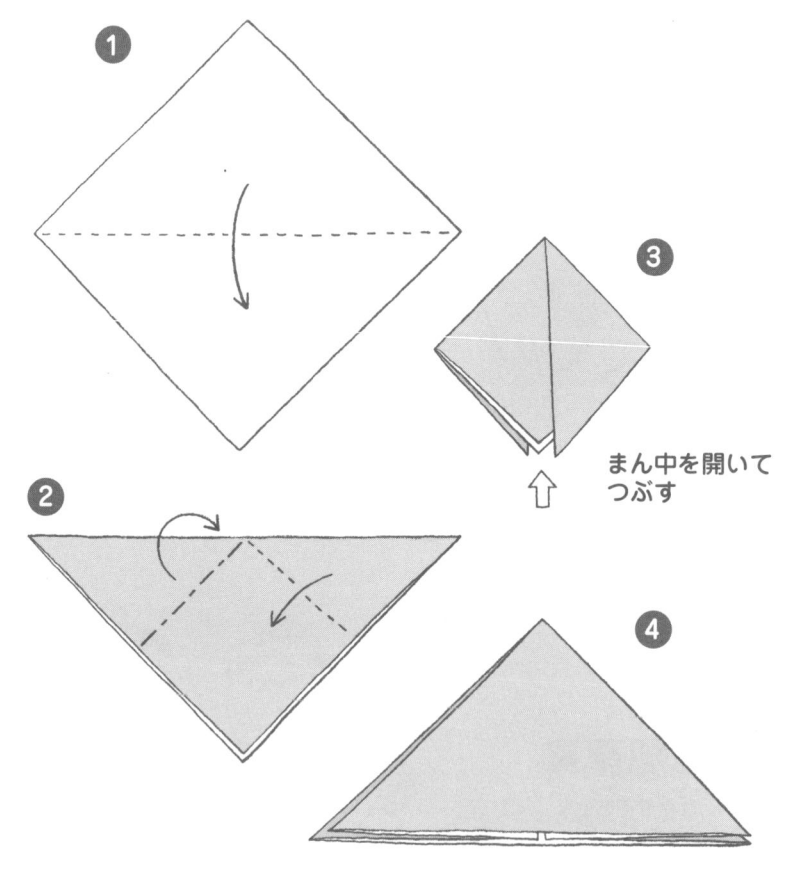

❶

❷

❸

まん中を開いて
つぶす

❹

[風船基本形]

鶴基本形と風船基本形の関係

　風船基本形の3つの角を2等分するおり線を入れて広げてみると、鶴基本形のおり線とほとんど同じになる。このおり線を逆におってひっくり返すと、鶴基本形（P15）になる。鶴基本形と風船基本形は表と裏の関係なのだ。

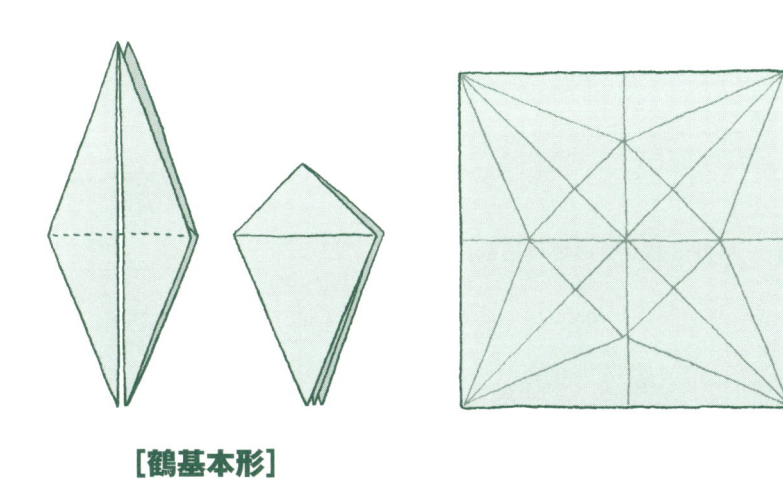

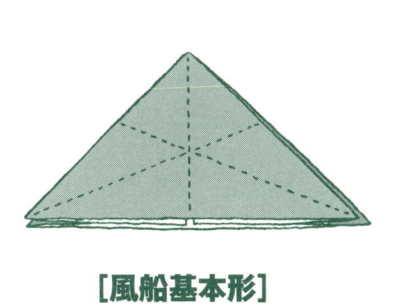

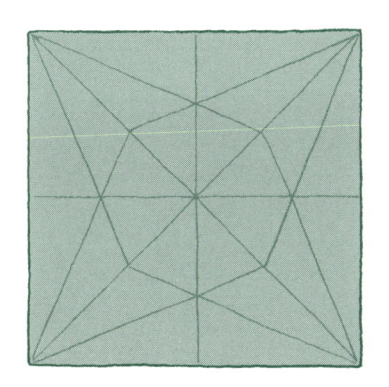

[鶴基本形]

[風船基本形]

9 紙風船

風船基本形 P26

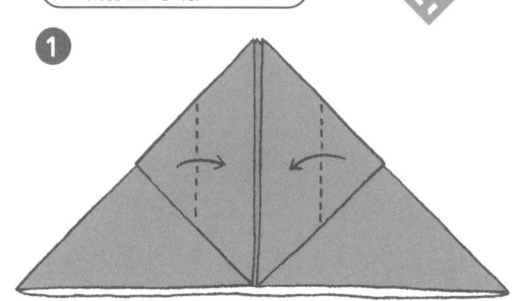

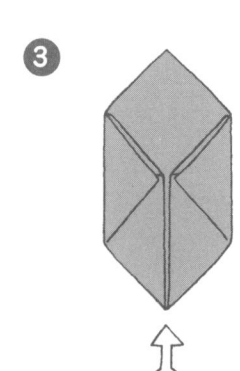

①

② 半分におってはさみ込む。

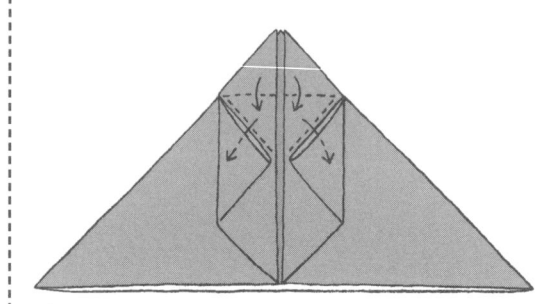

③

息を吹き込み、ふくらませて完成。

[紙風船]

"紙風船"は、上に投げあげてつく"手まり"ともいうべきもので、1人でついたり、2人でつきあったりするものだが、羽子板やバトミントンのラケットでついて遊んでもおもしろい。落ちるスピードがややゆっくりなのでタイミングのとり方にとまどう。

普通のおり紙（15cm）でつくると"風船つき遊び"にはちょっとものたりない。

糸を通して吊りさげてもいいだろう。ようじなどを短く切って糸に結び、風船の吹き込み口から入れる。

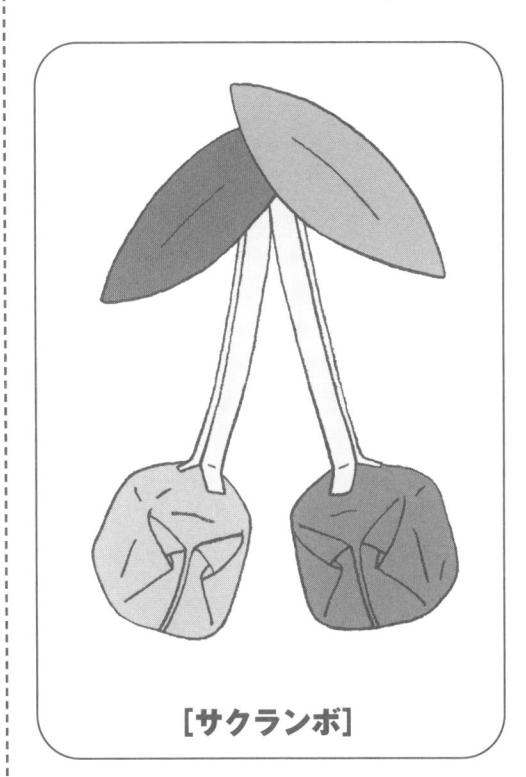

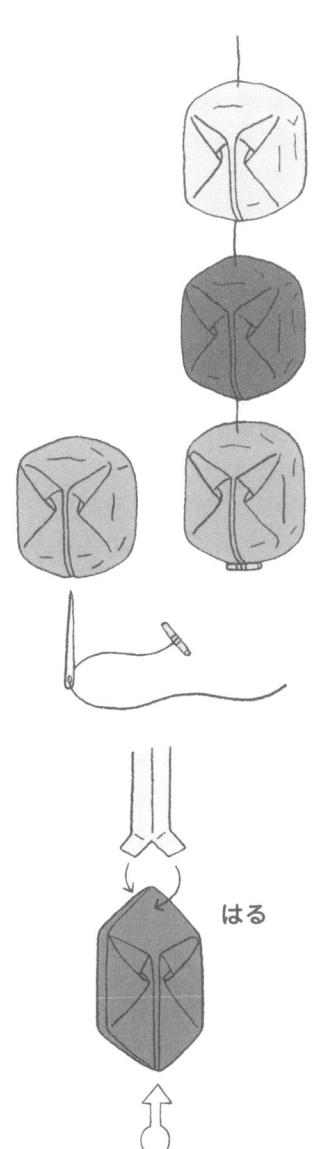

はる

赤、ピンク、黄色のおり紙でつくった風船に、柄と葉をつけるとかわいい"サクランボ"になる。

[サクランボ]

10 うさぎ（雪うさぎ）

赤色のおり紙を裏にしておる

風船基本形 P26

① 片側は風船と同じにおる。

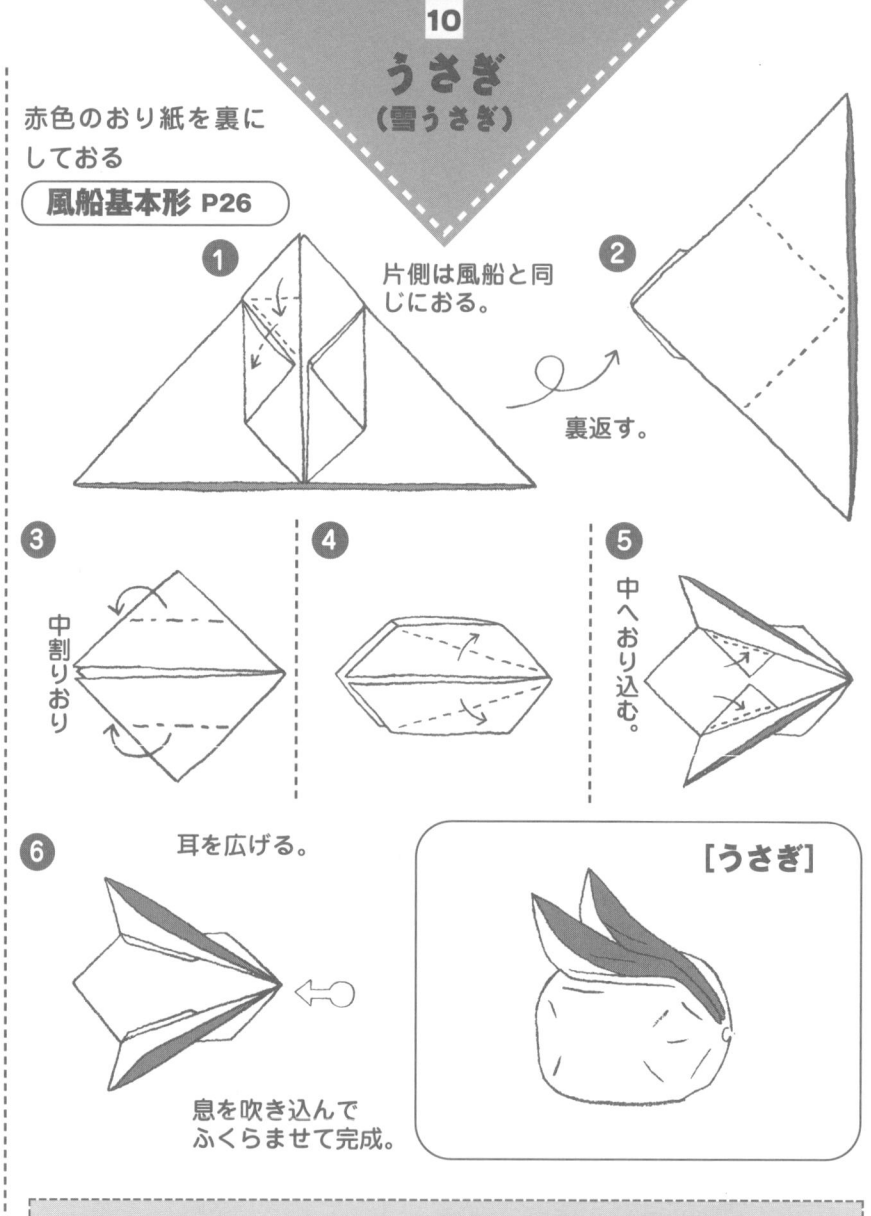

② 裏返す。

③ 中割りおり

④

⑤ 中へおり込む。

⑥ 耳を広げる。

息を吹き込んでふくらませて完成。

[うさぎ]

＜雪うさぎ＞

雪が降ると、お盆の上に雪を盛って、笹の葉などを耳に、赤い実を目にして、うさぎをつくって遊んだ。

11 金魚

風船基本形 P26

①

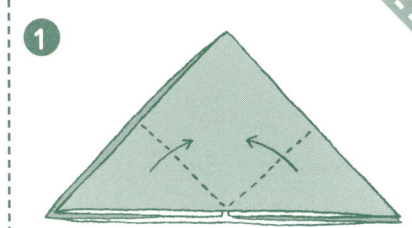

②

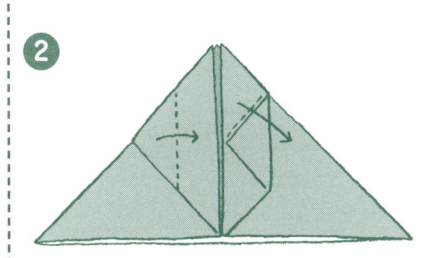

③

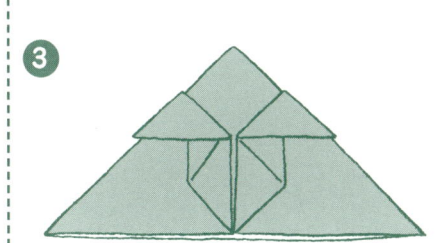

④ 裏返す。

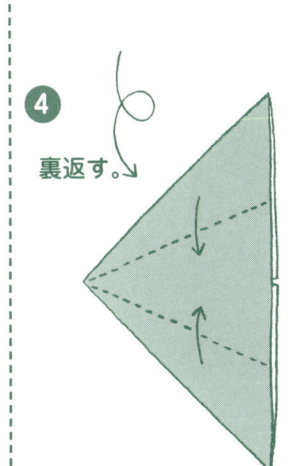

⑤

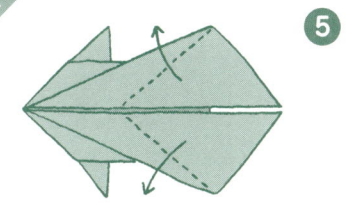

⑥ 半分におってから胴の部分を開く。

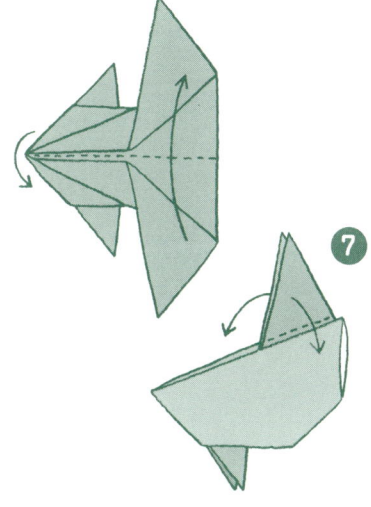

⑦

[金魚]

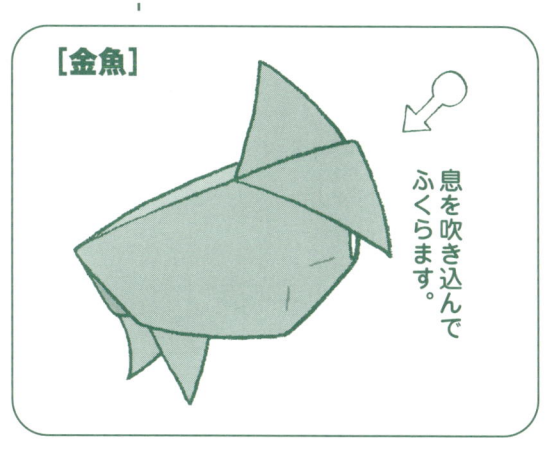

息を吹き込んでふくらます。

12 風船風車

風船基本形 P26

① ② 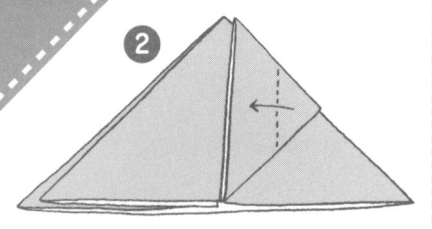 ③ 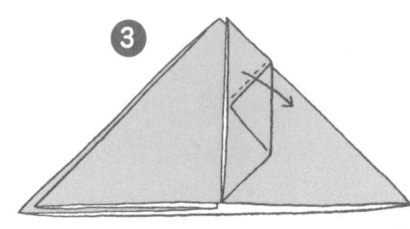 ④

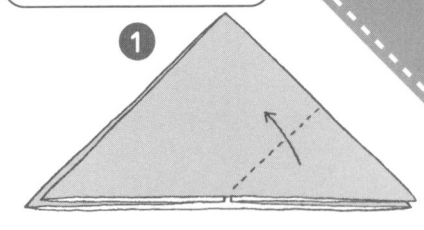

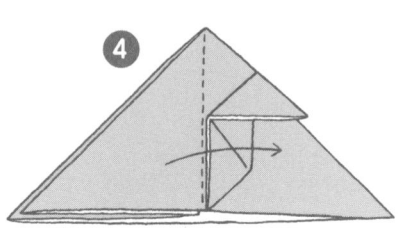

右におり開いて3枚とも同じにおる

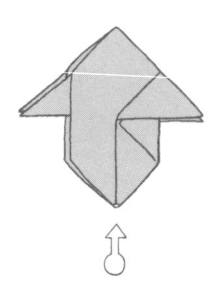

息を吹き込んでふくらませて完成。

上から見ると

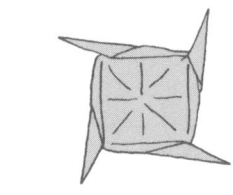

吹き込み口から竹ぐしを差し通すと"風車"になる。

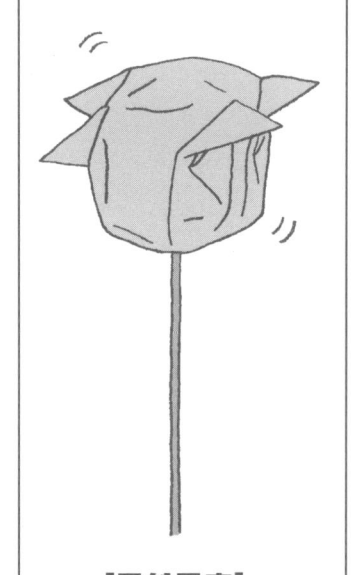

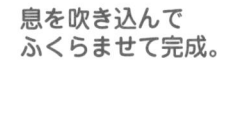

[風船風車]

13 起きあがり

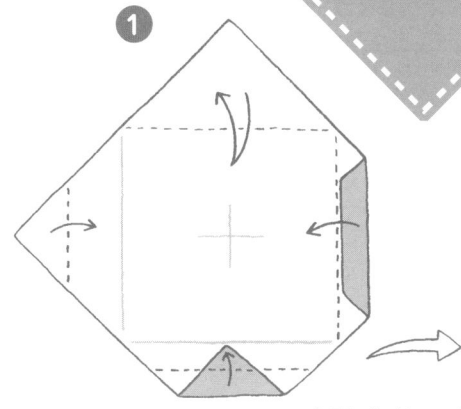

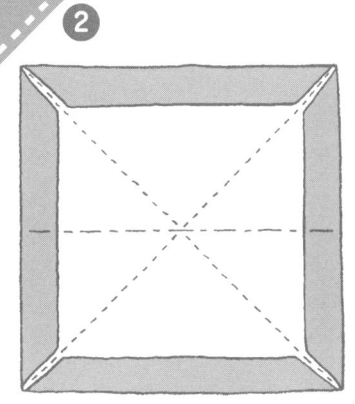

① ②

変則ザブトンおり（P55）から風船基本形（P26）

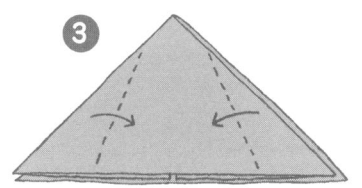

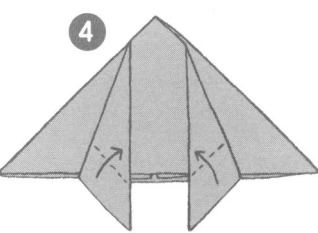

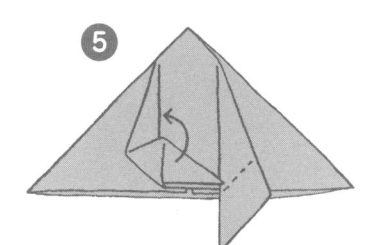

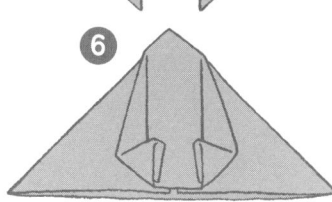

③ ④

⑤ ⑥

裏も同じにおる。

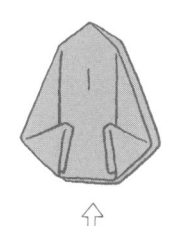

[起きあがり]

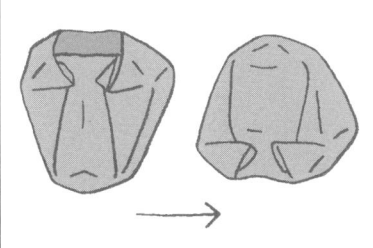

息を吹き込んで完成。

逆さにおいて手をはなすと返転して起きあがる。

33

14 雨がさ

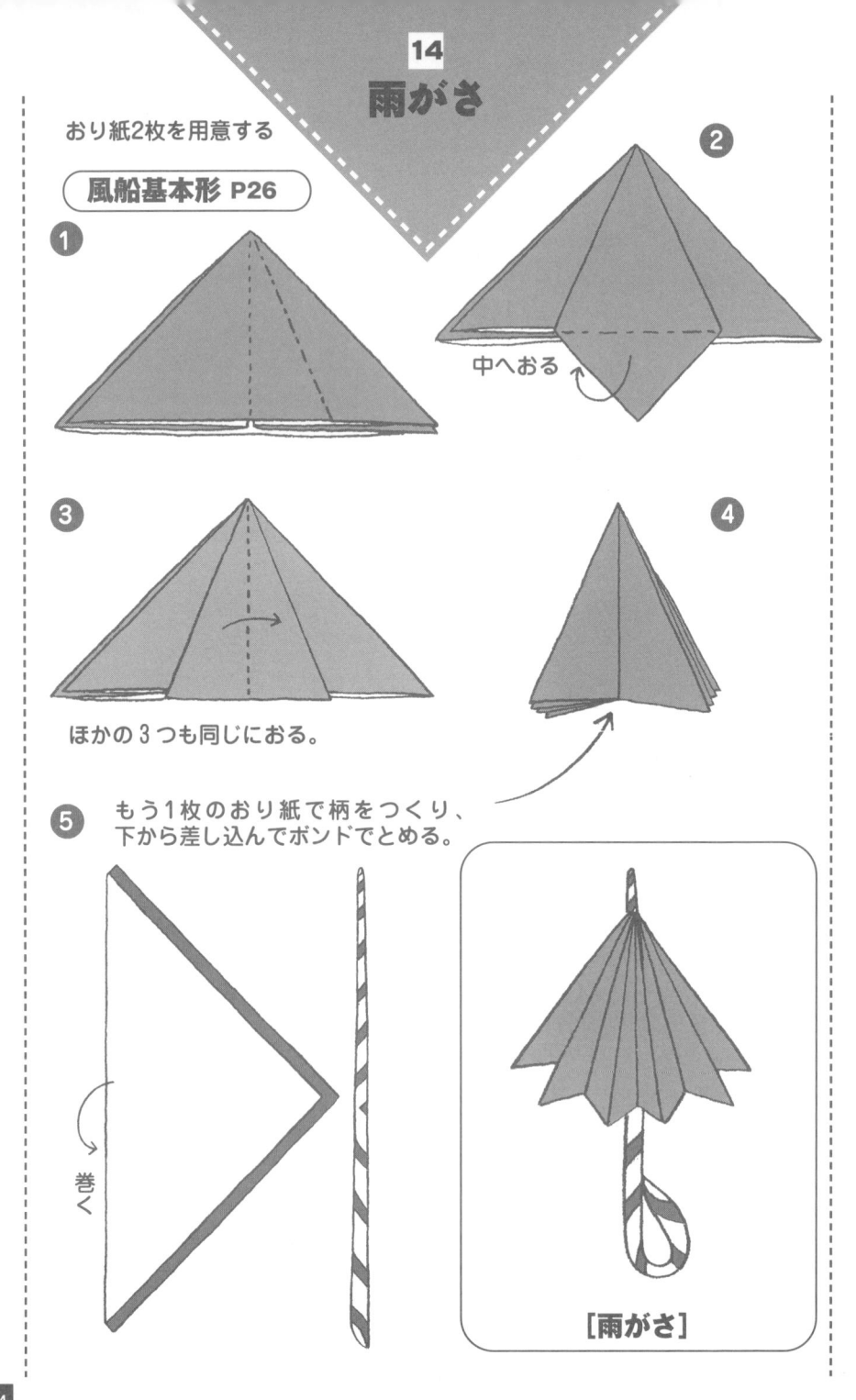

おり紙2枚を用意する

風船基本形 P26

❶

❷ 中へおる

❸ ほかの3つも同じにおる。

❹

❺ もう1枚のおり紙で柄をつくり、下から差し込んでボンドでとめる。

巻く

[雨がさ]

15 食いつき花

"雨がさ"を、柄をつけずにしっかりとおり線をつけてから、ひっくり返しにする。床かテーブルの上に置いて、まん中の高くなったところを指先で押すと、おりの復元力によってまわりがはねあがってひっくり返る。一くふうすると"食いつき花"ができる。

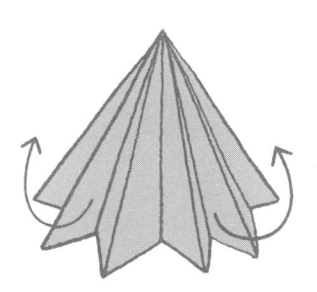

雨がさ（P34）を裏返す。

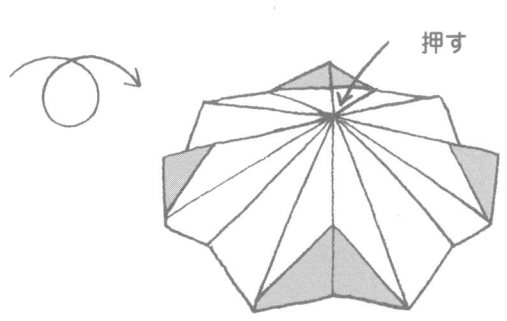

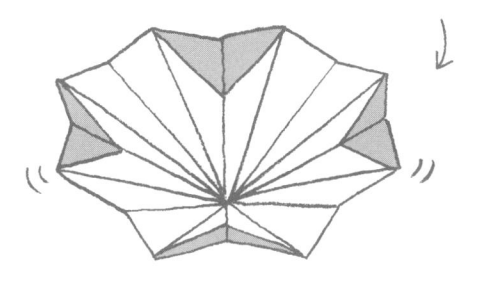

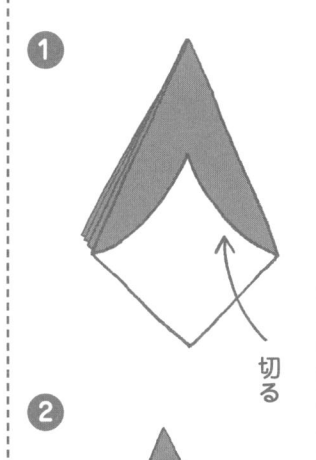

押す

①

切る

②

かぶせおり

8か所を同じにおる。

しっかりとおり線をつけてから、広げておき、指でまん中を押すと……

[食いつき花]

動く動物のいろいろ

基本のおりに、少しおりを重ねてつくる、とてもやさしい作品。
動かして遊べる楽しいおり紙。

ゴンベエカラス
おり方P38

ワンワン君
おり方P39

はねるバッタ
おり方P40

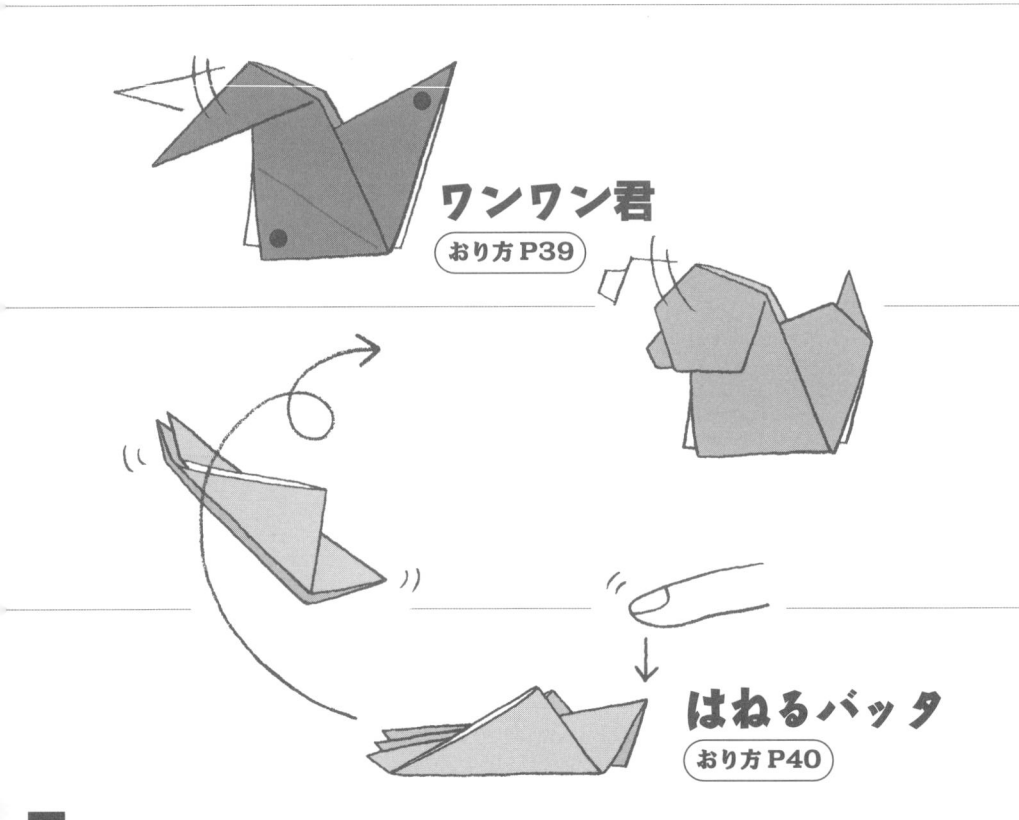

よちよちペンギン
おり方 P41

跳びカエルA・B
おり方 P42・43

おり方3
凧基本形

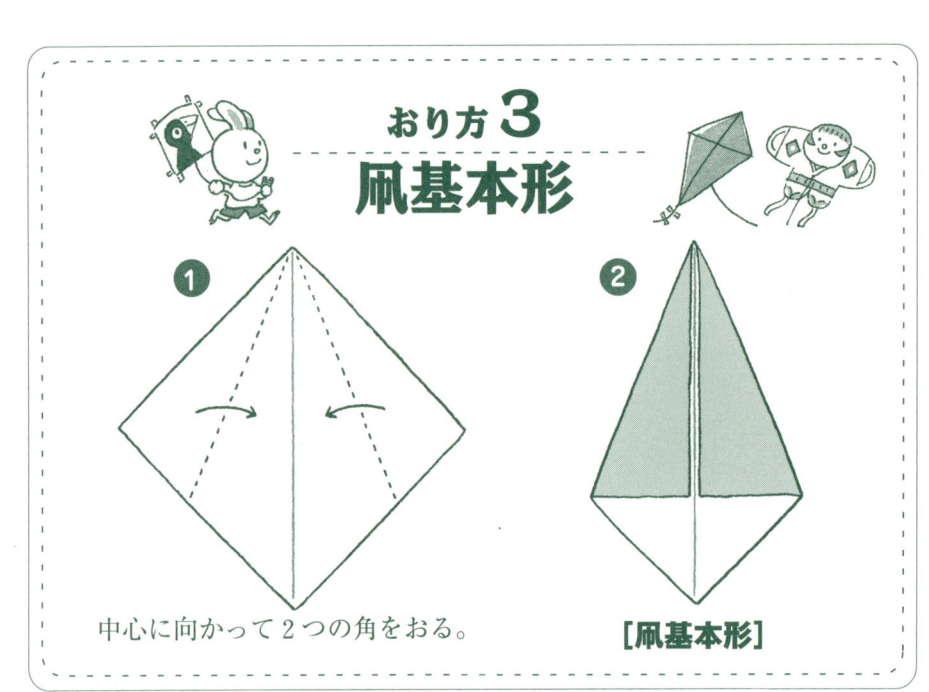

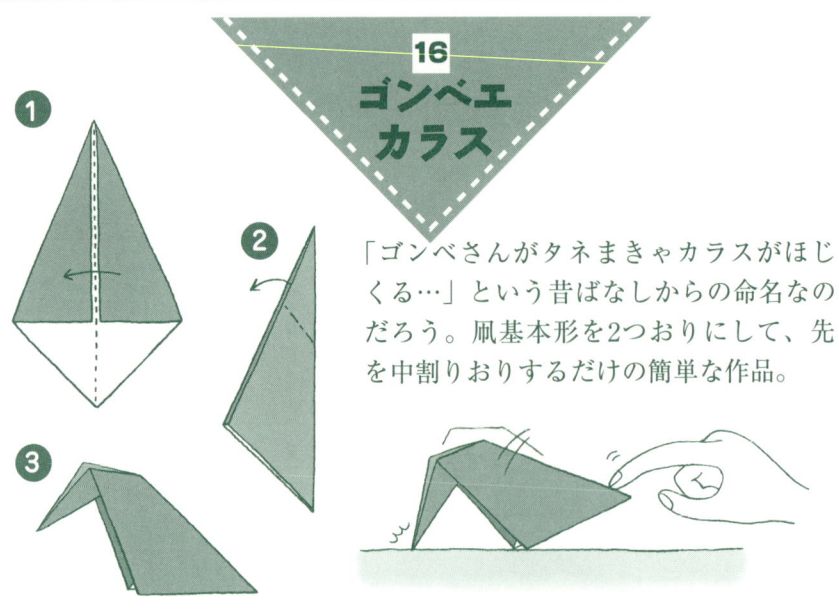

❶ 中心に向かって2つの角をおる。

❷ [凧基本形]

16 ゴンベエカラス

「ゴンベさんがタネまきゃカラスがほじくる…」という昔ばなしからの命名なのだろう。凧基本形を2つおりにして、先を中割りおりするだけの簡単な作品。

頭が重いので、前にたおれて口ばしの先が床につく。指先でチョンとたたくと、起きあがってまたもとにもどる。続けてたたくと、ちょうどエサをひろっているようだ。

17 ワンワン君

凧基本形 P38

①

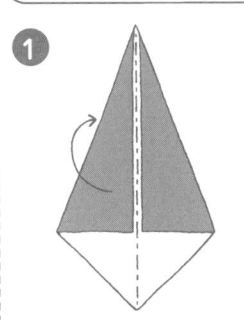

② 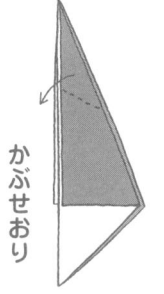 かぶせおり

③

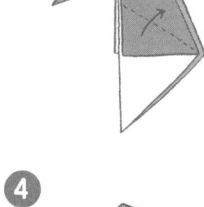

④ 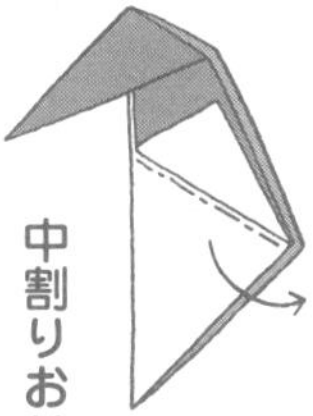 中割りおり

⑤

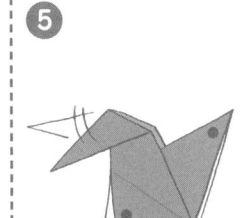

凧基本形から"ゴンベエカラス"と逆のおり方をしたら、口ばしが動くカラスになった。●印を持って、軽く左右にひっぱると口ばしが上下に動く。下の口ばしがないのが残念…。

そこでもうーくふう

⑥ ひき出す

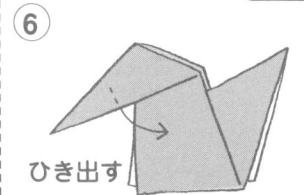

⑦ 中へおり込んで、しっぽと顔をつくる。

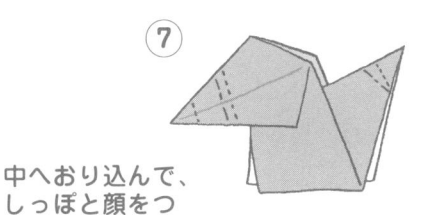

●印をもって左右にひっぱるとワンワン！

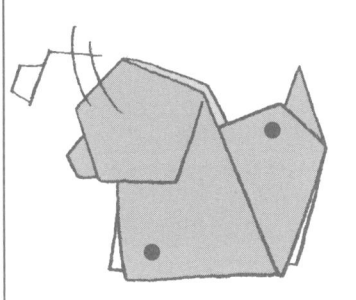

[ワンワン君]

18 はねる バッタ

かぶと基本形 P46

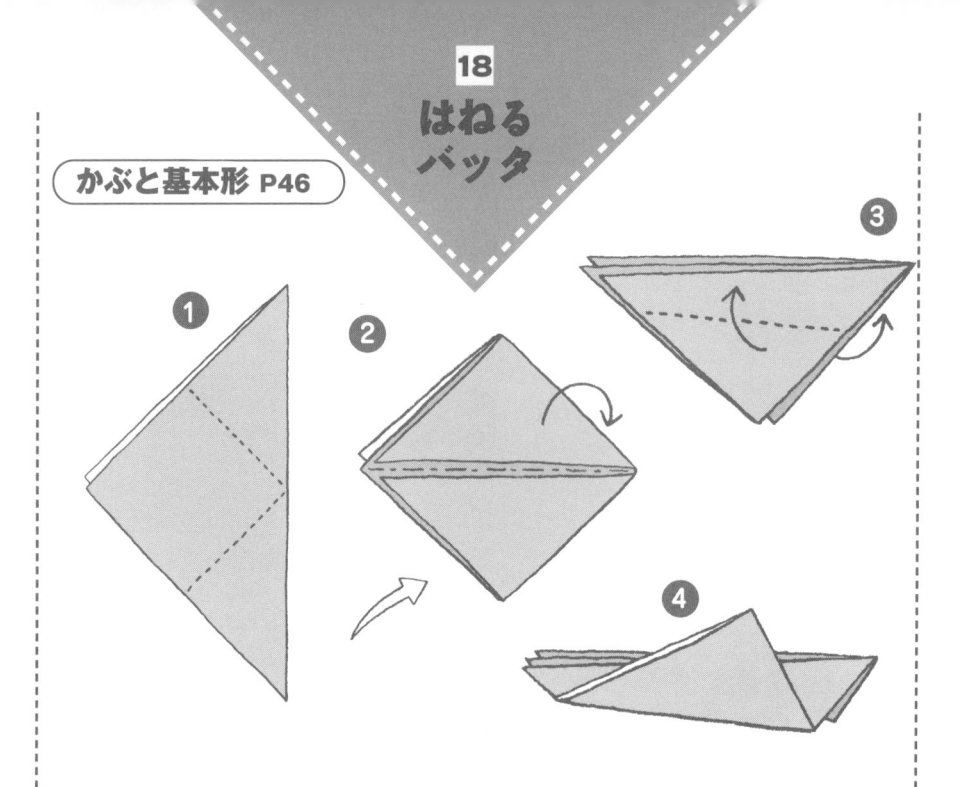

[はねるバッタ]

指でバッタの頭をチョンとたたくと！…?

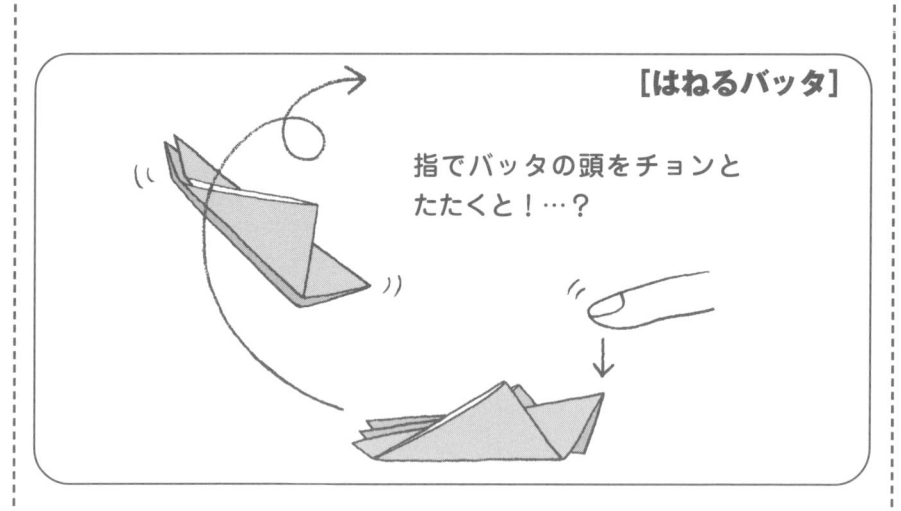

　伝承の"バッタ"は、三角おりから表と裏に一おりずつの最もやさしい作品の一つだが、かぶとの基本形にしてからおると、羽もあるよりバッタらしいバッタになる。同時に構造が強化されて"はねるバッタ"となった。遊べる機能も生まれた。

19 よちよちペンギン

正方基本形 P14

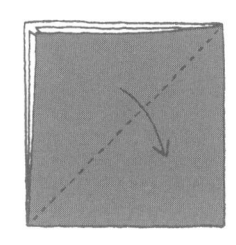

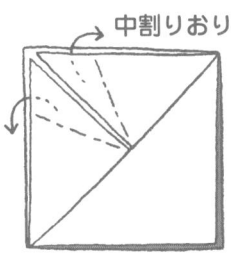

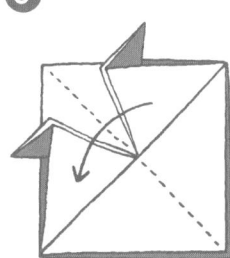

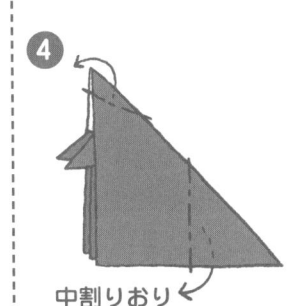

①

② 中割りおり

③

④ 中割りおり

伝承の"ペンギン"は、三角おりから二おり内へおり込むとできるが、これも正方基本形にしてからおることで、手もできて、よりペンギンらしくなったうえ、構造が強化され、よちよち歩くペンギンになった。動かして遊べる機能が生まれたのだ。

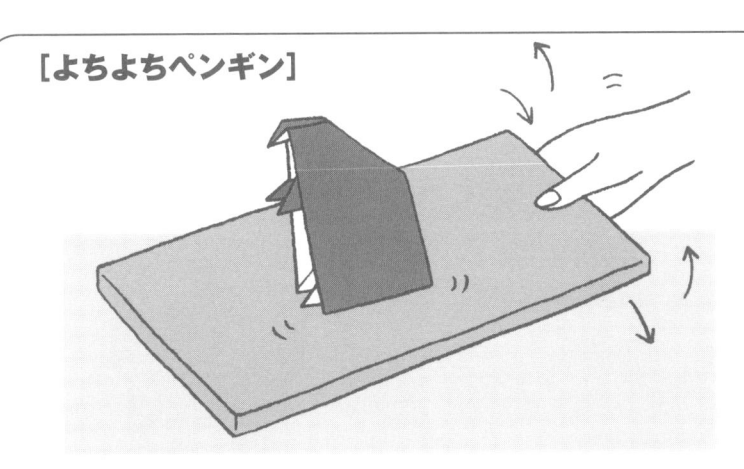

[よちよちペンギン]

本か板を斜めにして持ち、ペンギンをのせて左右に軽く動かすと、よちよち歩きだす。

20 跳びカエル A・B

中割りおり

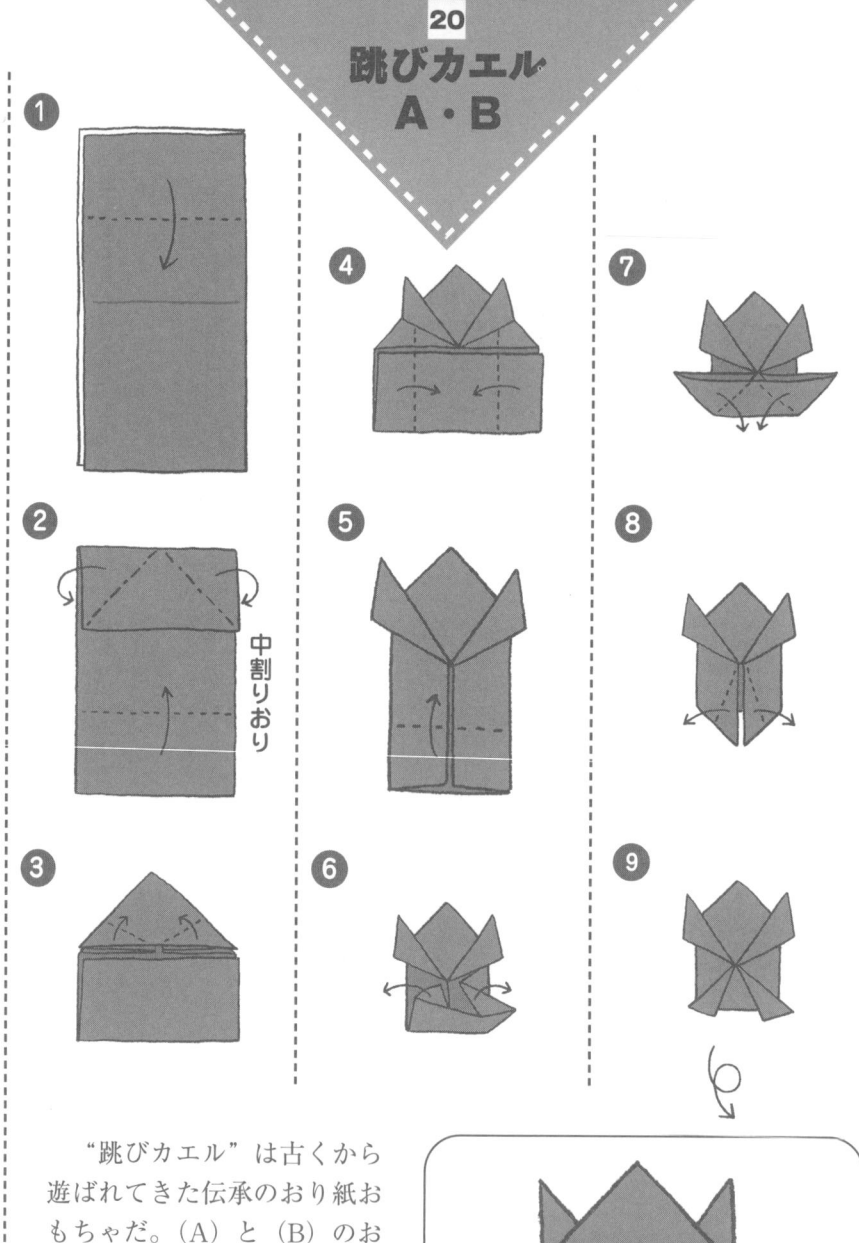

"跳びカエル"は古くから遊ばれてきた伝承のおり紙おもちゃだ。(A)と(B)のおり方がある。似ているようだが、どちらがよく跳ねるだろう？

★印のところを指先ではじいて跳ばす

[跳びカエルA]

① ② ③ ④ ⑤

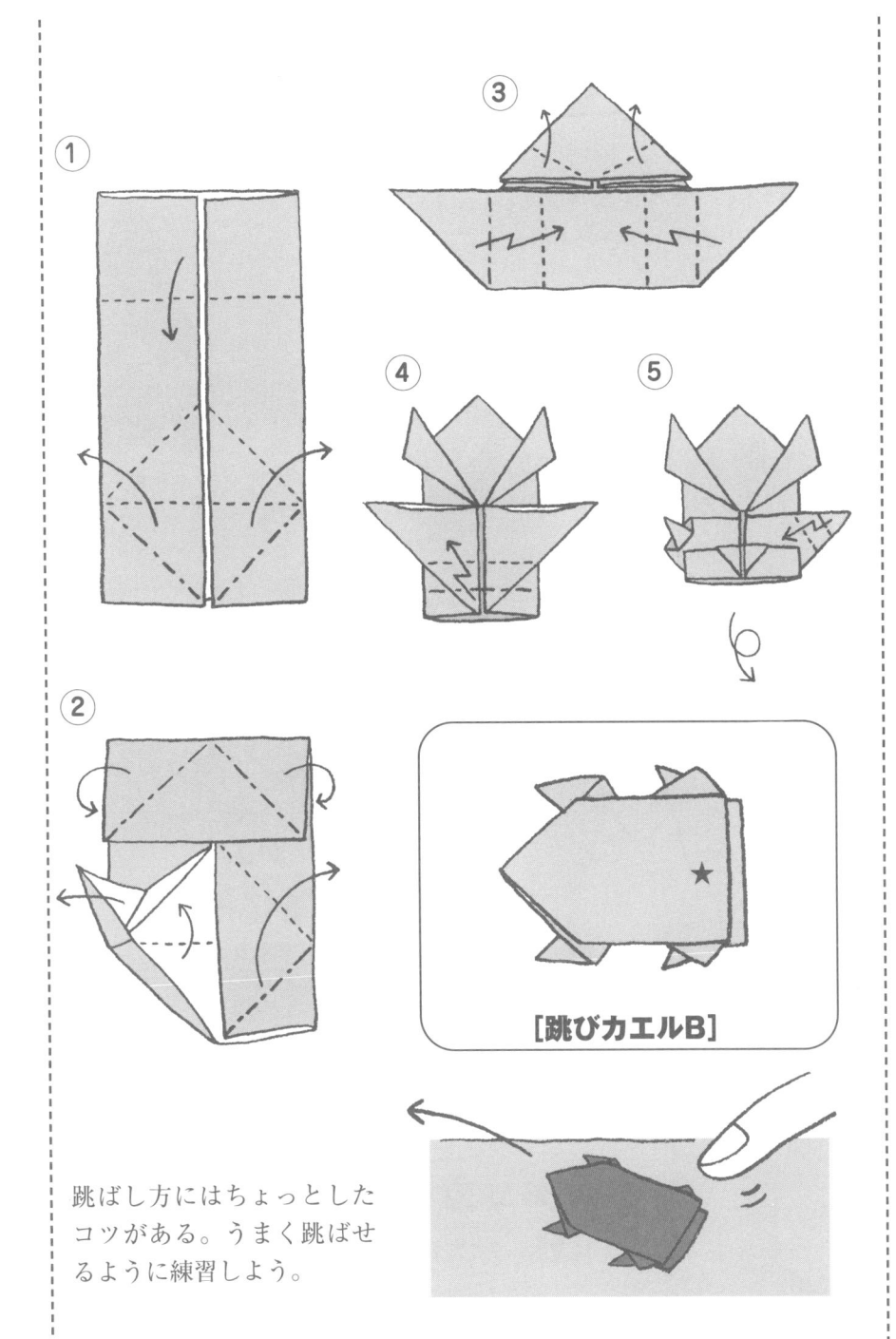

[跳びカエルB]

跳ばし方にはちょっとしたコツがある。うまく跳ばせるように練習しよう。

かぶとのいろいろ

伝承の"かぶと"は"かぶりもの"の代表的作品だが、
永い間いろいろなくふうがなされ、数多くの作品が生まれた。

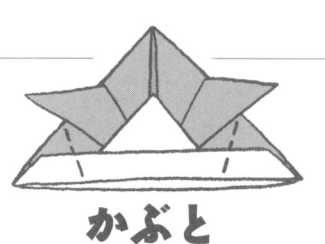

かぶと
おり方P46

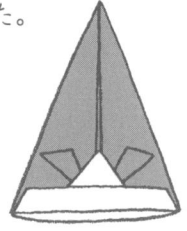

長かぶと
おり方P47

かぶと変化形B
おり方P47

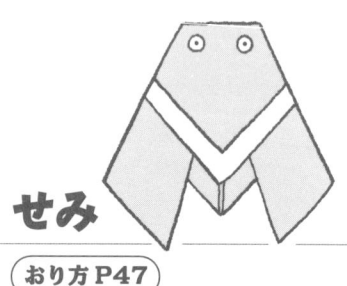

せみ
おり方P47

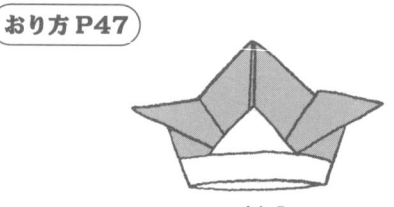

かぶと変化形A
おり方P46

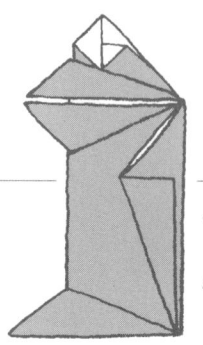

ゲコゲコカエル A・B
おり方P52・53

きんぎょ
改良品種
おり方 P48

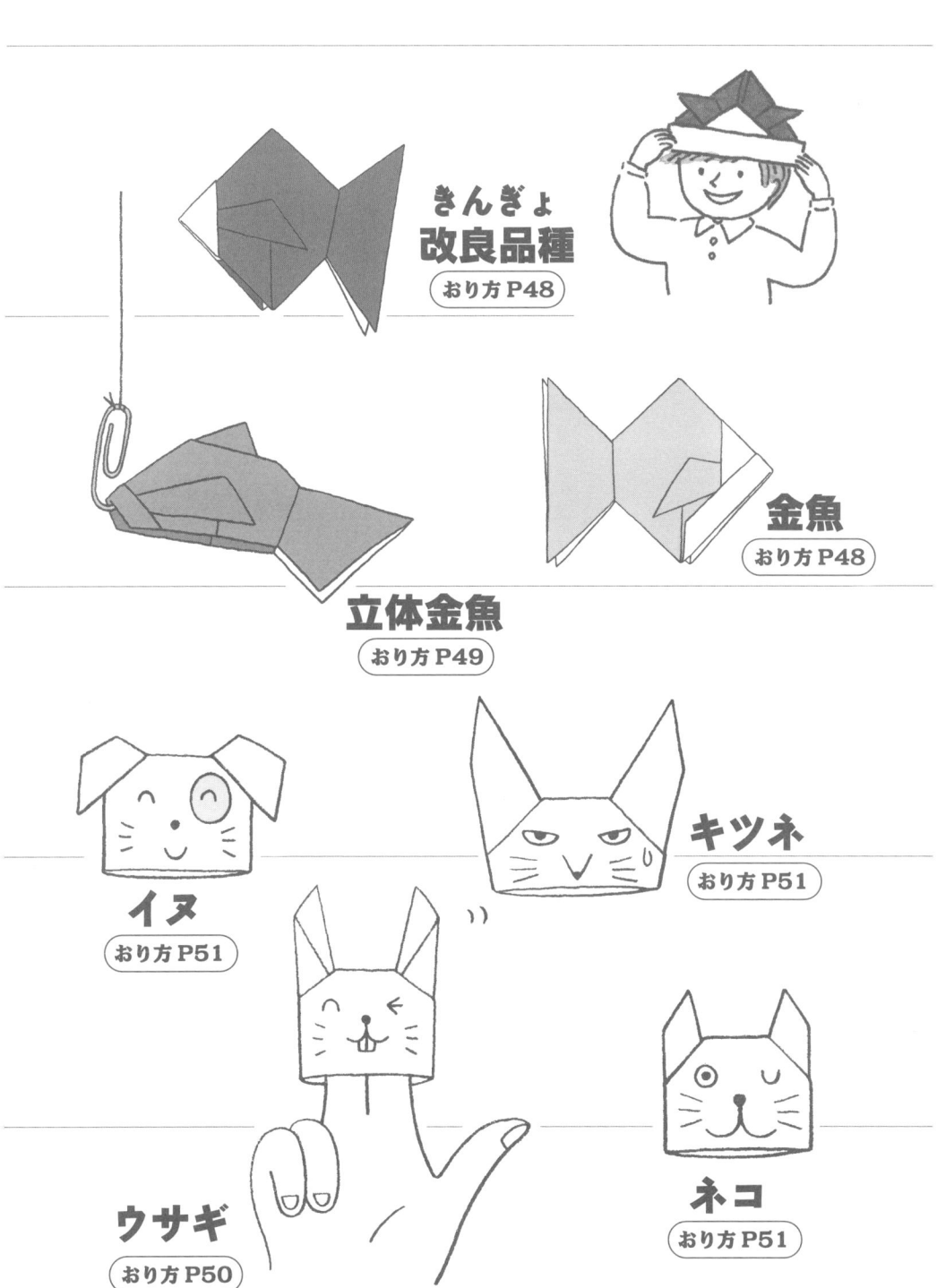

金魚
おり方 P48

立体金魚
おり方 P49

イヌ
おり方 P51

キツネ
おり方 P51

ウサギ
おり方 P50

ネコ
おり方 P51

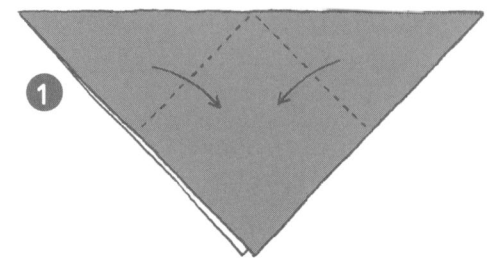

おり方 4
かぶと基本形

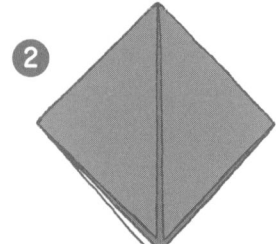

正方形のおり紙を三角形におり、2つの角をさらにおったもの。

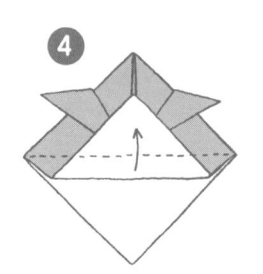

[かぶと基本形]

かぶと基本形

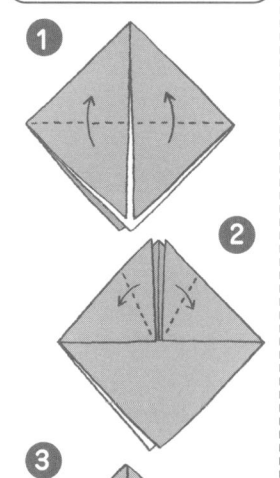

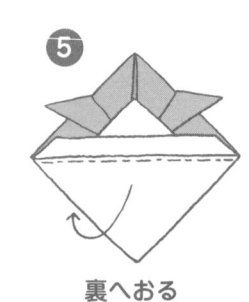

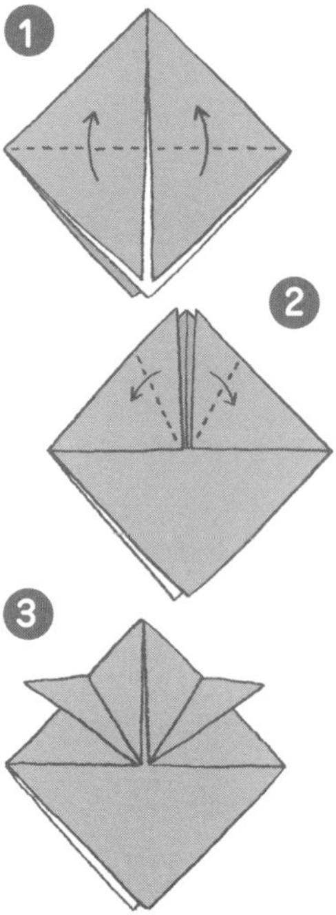

裏へおる

[変化形A]

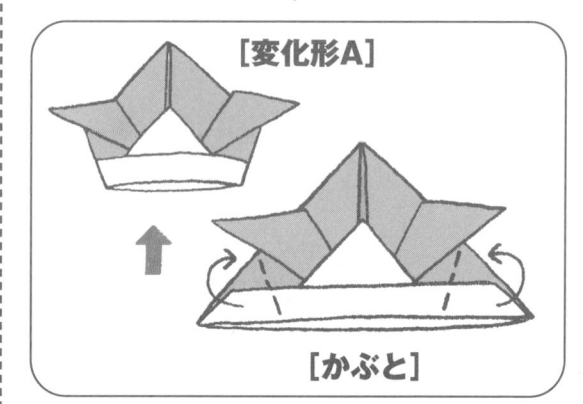

[かぶと]

21 かぶと

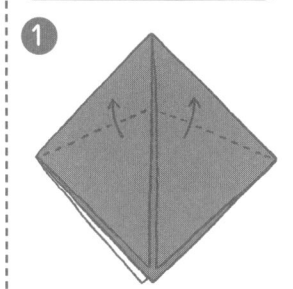

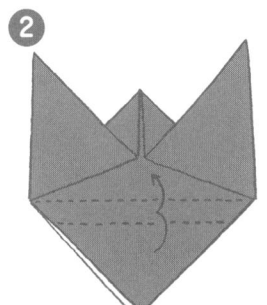

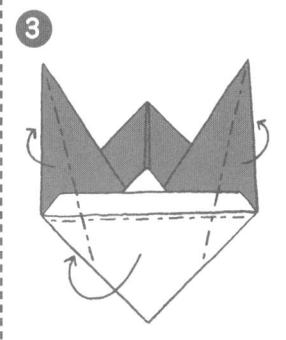

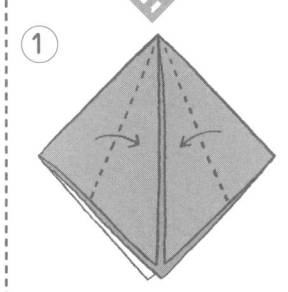

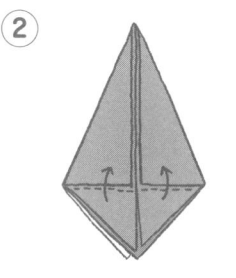

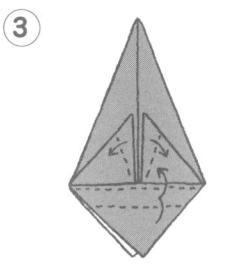

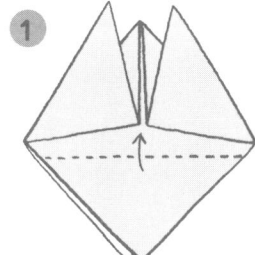

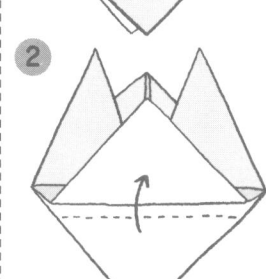

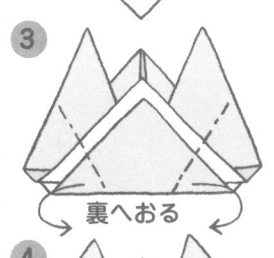

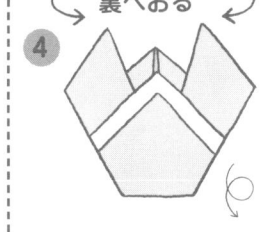

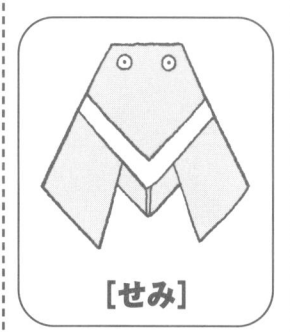

かぶと基本形 P46

① ② ③

[変化形B]

① ② ③

[長かぶと]

① ② ③ ④

裏へおる

[せみ]

22 金魚

"かぶと"から変身した"金魚"も、よく知られた伝承の作品だ。しかし、一おりの改良で、口元がすっきりした"金魚"に生まれ変わった。さらにくふうすれば、まだまだ新品種が誕生するかもしれない。

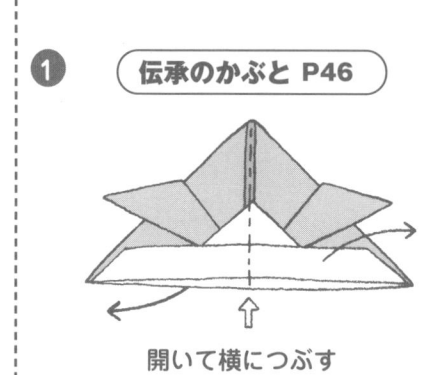

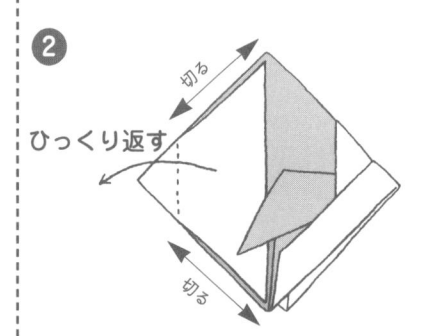

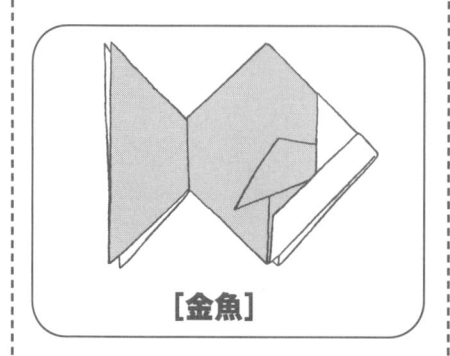

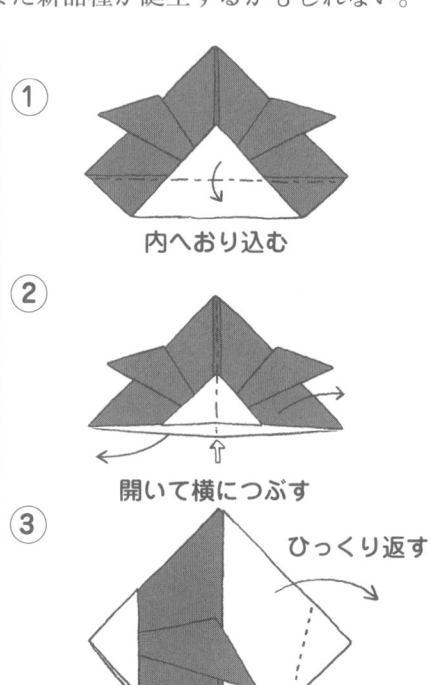

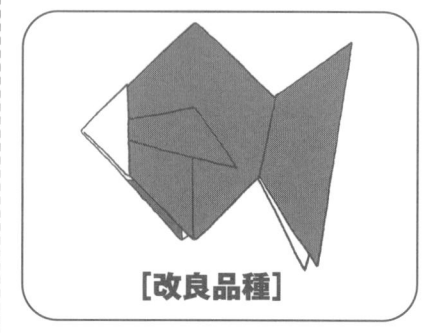

❶ 伝承のかぶと P46

開いて横につぶす

❷ 切る／ひっくり返す／切る

[金魚]

① 内へおり込む

② 開いて横につぶす

③ ひっくり返す／切る

[改良品種]

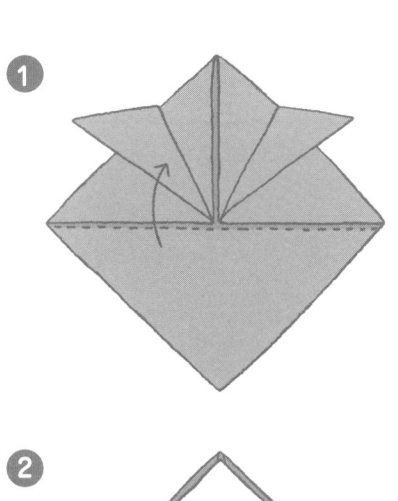

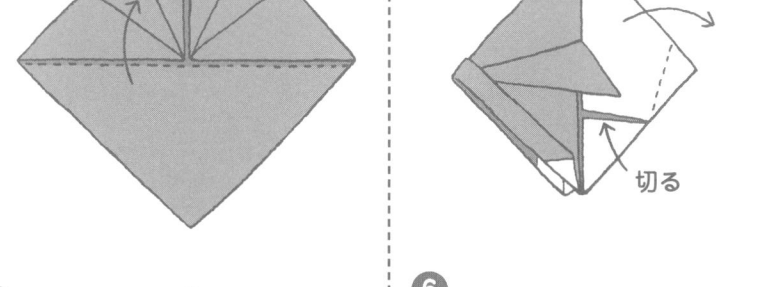

①

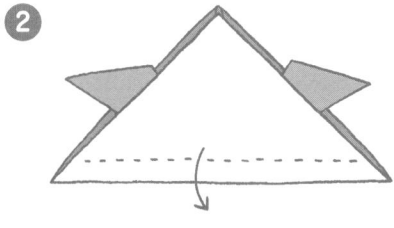

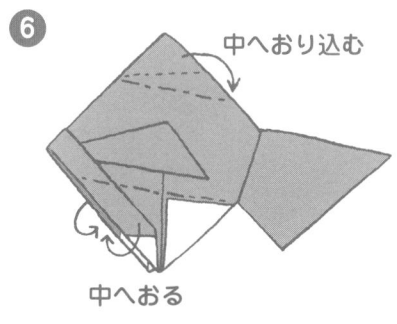

②

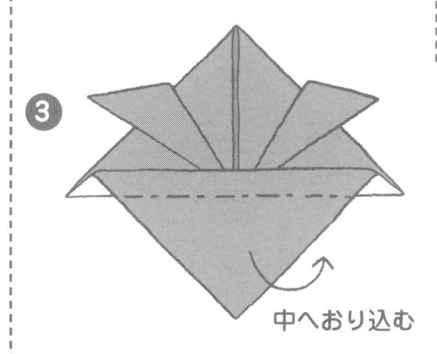

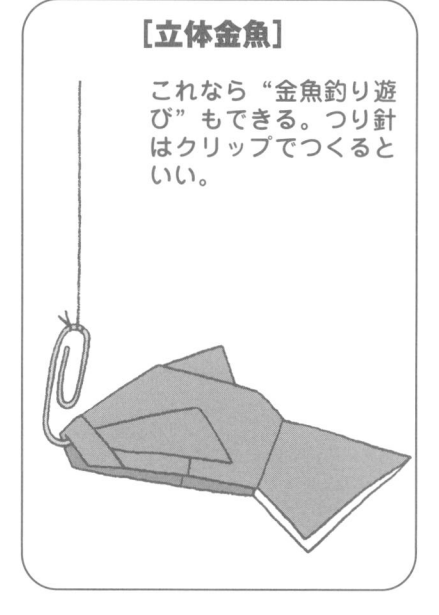

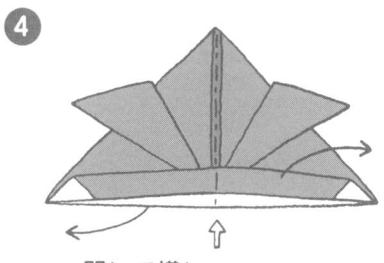

③ 中へおり込む

④ 開いて横に
つぶす

⑤ ひっくり返す
切る

⑥ 中へおり込む
中へおる

[立体金魚]

これなら"金魚釣り遊び"もできる。つり針はクリップでつくるといい。

23 動物の指人形

かぶと基本形 P46

1. この角度のとり方で耳の形が変わる

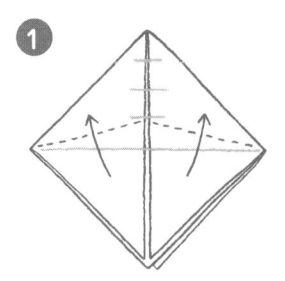

2. 1枚だけおる

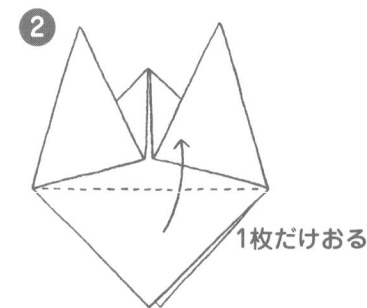

3. このおり方のちがいで顔の形が変わる

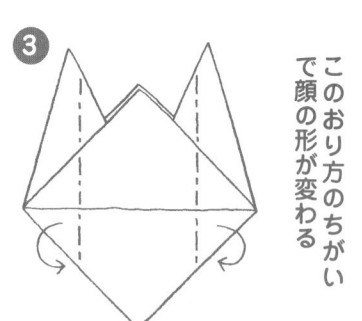

4.

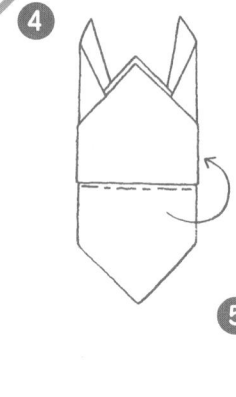

5.

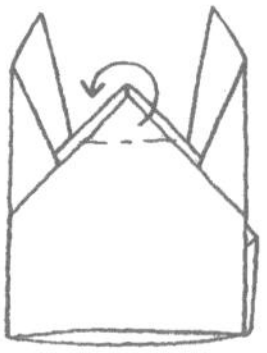

[ウサギ]

かぶとの基本形から動物の顔ができる。おり線を少し変えると、ちがった動物の顔になる。いろいろつくって人形劇をやるのも楽しい！（白い紙か表裏ともに同じ色の紙を使うといい）

③ ③ ③

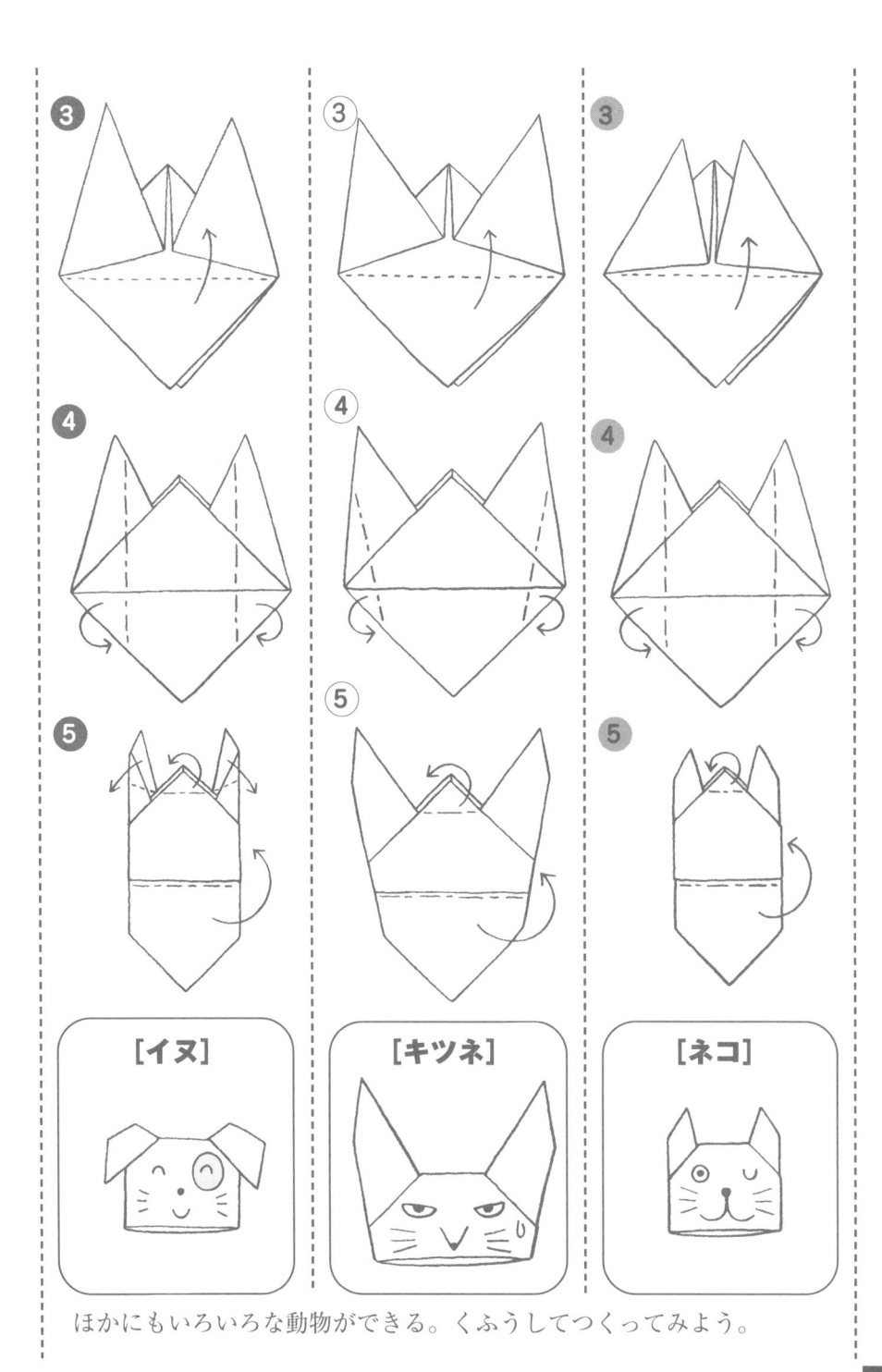

④ ④ ④

⑤ ⑤ ⑤

[イヌ] [キツネ] [ネコ]

ほかにもいろいろな動物ができる。くふうしてつくってみよう。

24 ゲコゲコカエル A・B

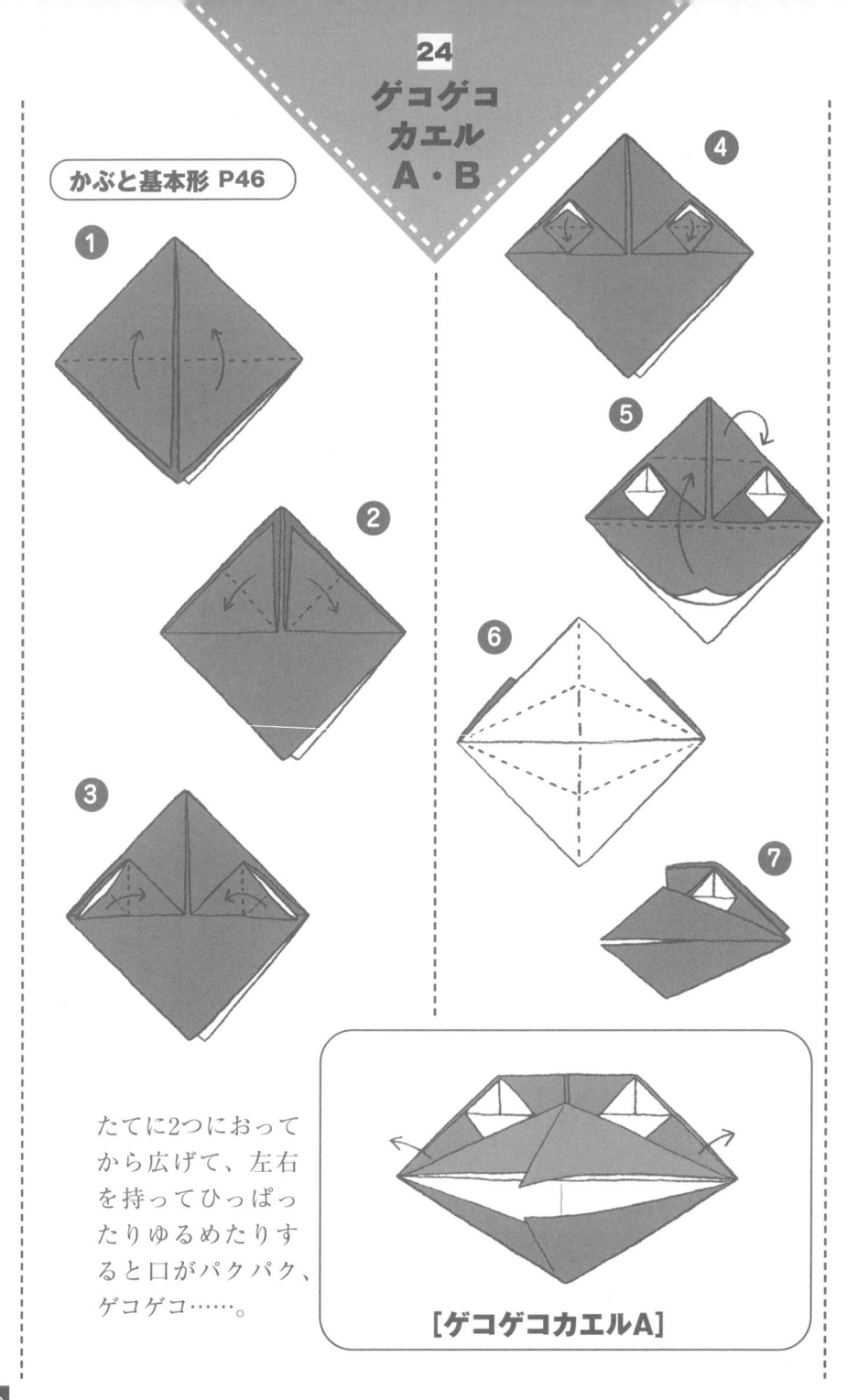

かぶと基本形 P46

① ② ③ ④ ⑤ ⑥ ⑦

たてに2つにおってから広げて、左右を持ってひっぱったりゆるめたりすると口がパクパク、ゲコゲコ……。

[ゲコゲコカエルA]

もう一くふうするとこんな"カエル"ができる。

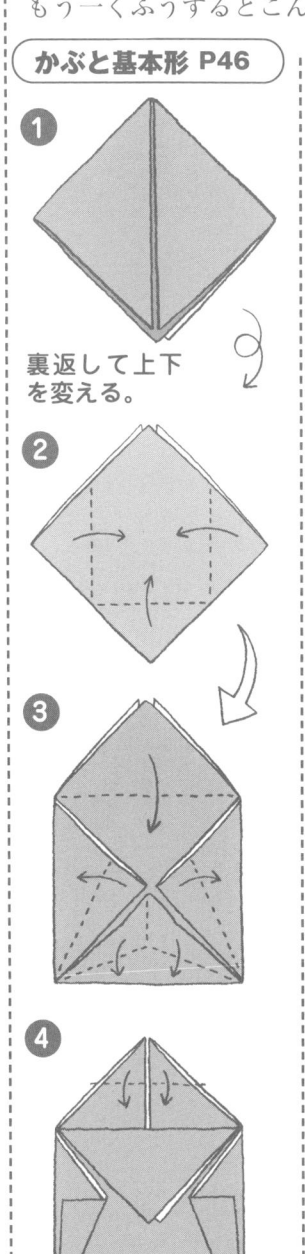

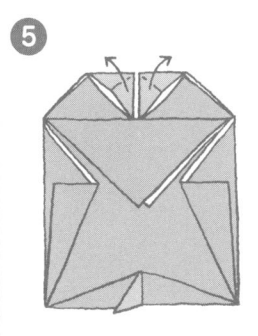

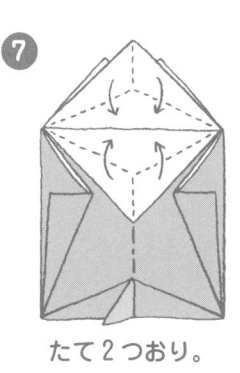

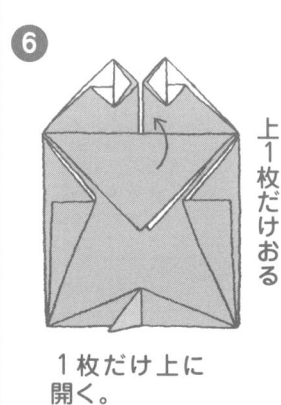

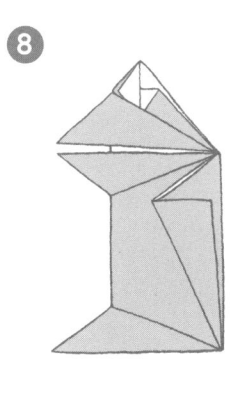

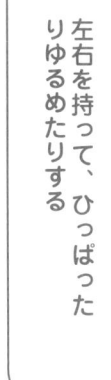

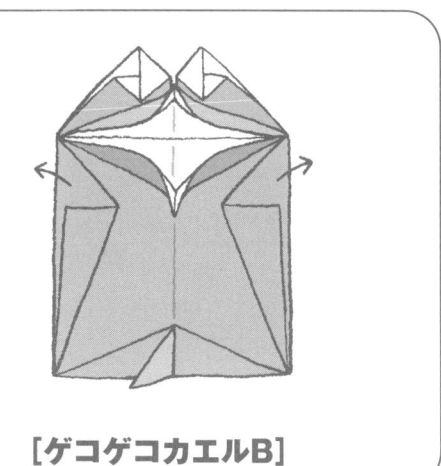

かぶと基本形 P46

1 裏返して上下を変える。

2

3

4

5

6 1枚だけ上に開く。

上1枚だけおる

7 たて2つおり。

8

左右を持って、ひっぱったりゆるめたりする

[ゲコゲコカエルB]

遊べるいろいろ

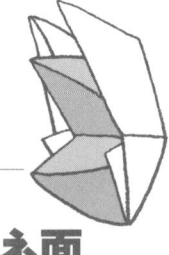

キツネ面
おり方 P59

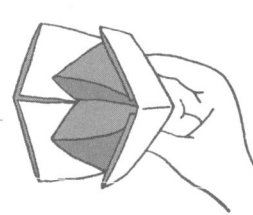

エリマキトカゲ
おり方 P59

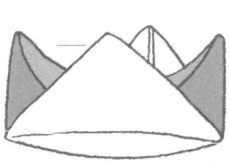

カンムリ
おり方 P58

おしゃべりなカラス
おり方 P56

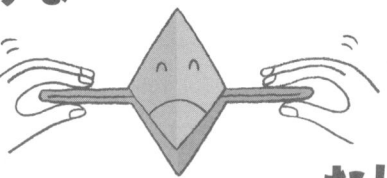

おしゃべりなネズミ
おり方 P57

パクパク

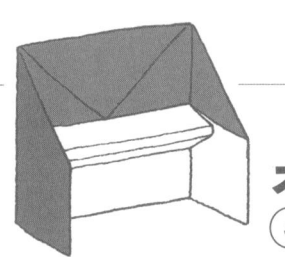

オルガン
おり方 P58

おり方5
ザブトン基本形

❶ 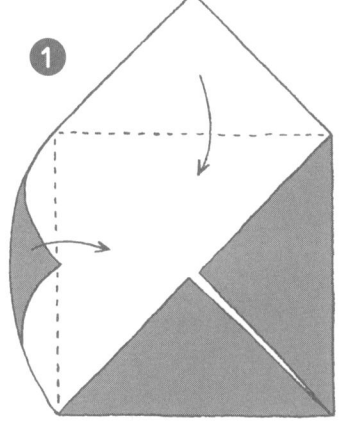 4辺を中心に向かっておる。

❷ [ザブトン基本形]

おり方6
オルガン基本形

❶

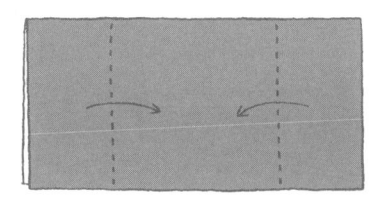

❷

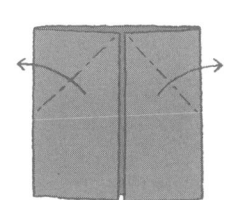

❸  [オルガン基本形]

25 おしゃべりなカラスとネズミ

ザブトン基本形 P55

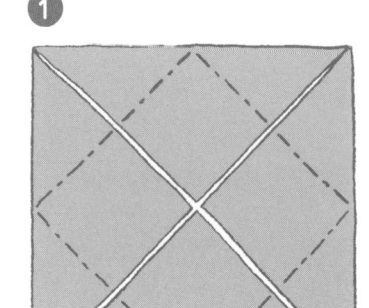

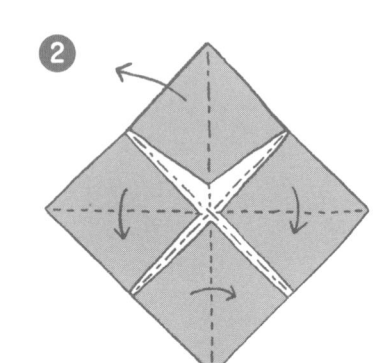

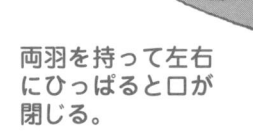

1

2

3

両羽を持って左右にひっぱると口が閉じる。

[おしゃべりなカラス]

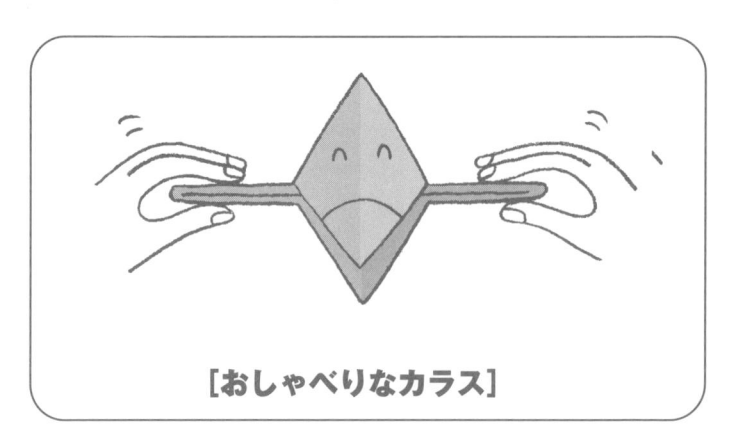

ひっぱったりゆるめたりすると口がパクパク動く、伝承おり紙おもちゃ。

好きな動物の顔をかいてみよう

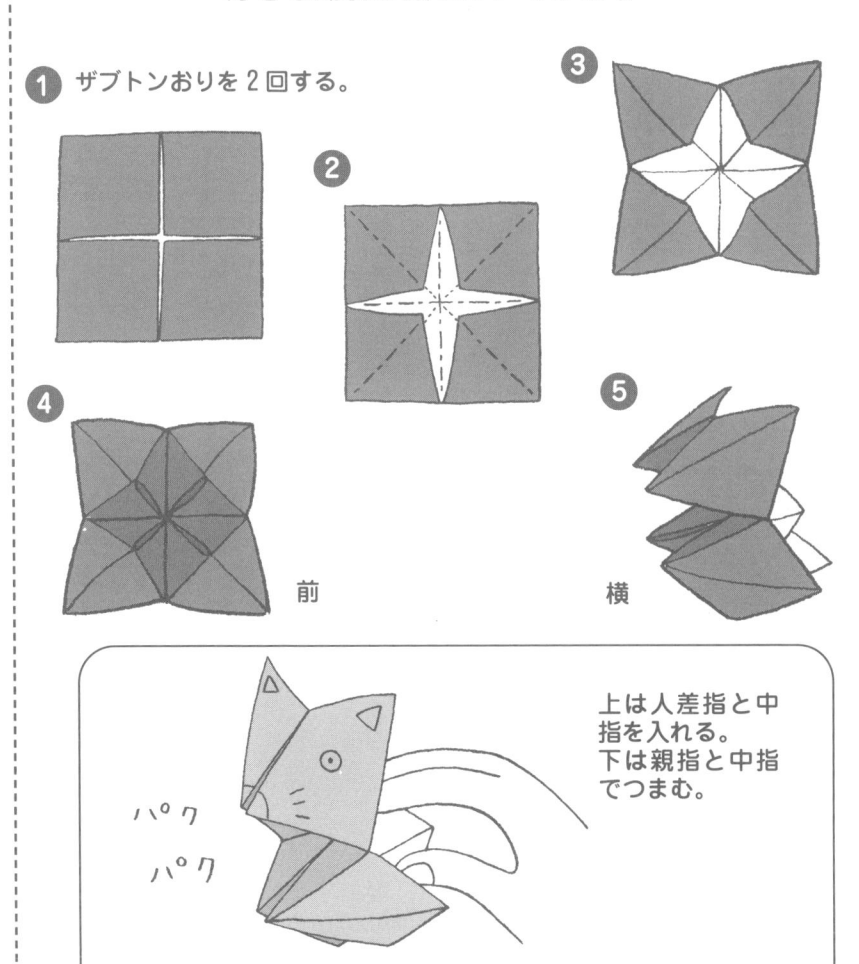

① ザブトンおりを2回する。

②

③

④ 前

⑤ 横

上は人差指と中指を入れる。
下は親指と中指でつまむ。

パクパク

[おしゃべりなネズミ]

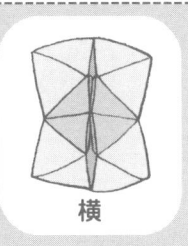

こんな遊びもあった

小指をのぞく4本の指を裏から差し込んで、たて、横に開いたり閉じたりして遊ぶ。

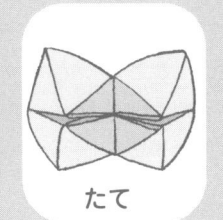

たて　横

26 オルガンとカンムリ

伝承作品のオルガンはおり紙の基本形の一つで、いろいろなものに発展することができる。

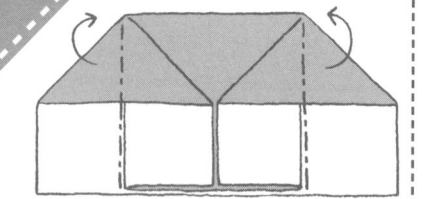

❶ オルガン基本形 P55

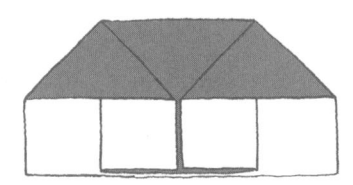

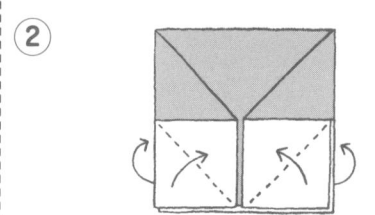

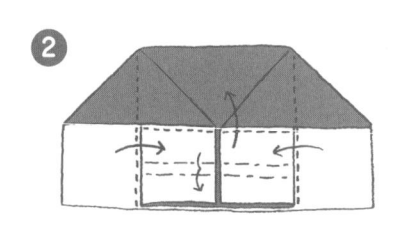

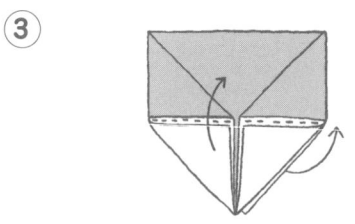

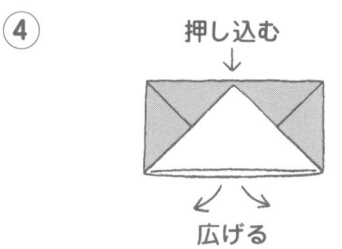

❷

[オルガン]

"カンムリ"は1辺55cmくらいの紙（新聞紙など）でおるとかぶれる。15cmのおり紙でおったものは"エッグ・スタンド"として使える。

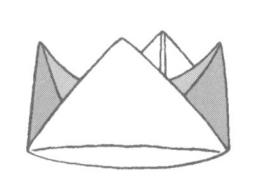

①

②

③

④ 押し込む / 広げる

[カンムリ]

27 キツネ面とエリマキトカゲ

"キツネ面"も古くから伝えられてきた作品だが、"エリマキトカゲ"は、エリマキトカゲが話題になった頃（昭和60年代）、子どもたちの間でつくられるようになった作者不明の作品だ。

1 オルガン基本形 P55

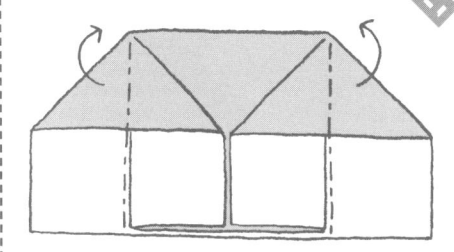

2

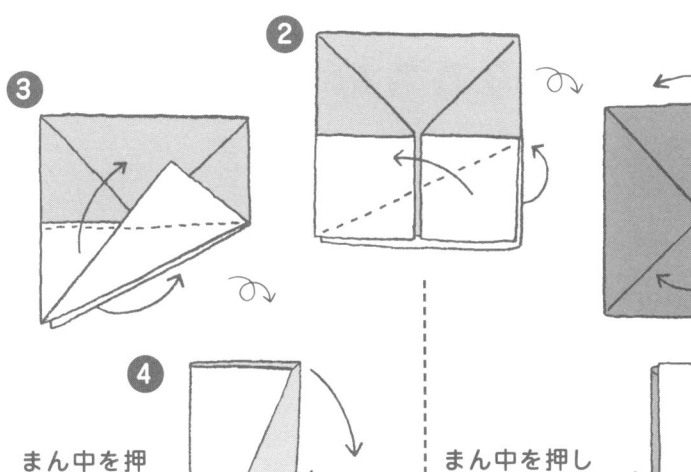

3 まん中を押し込み、上下を合わせる。

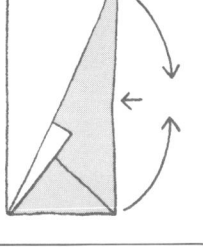

4

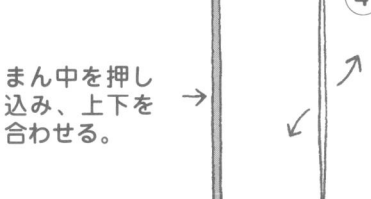

3

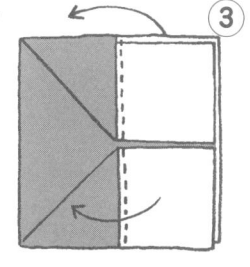

4 まん中を押し込み、上下を合わせる。

[キツネ面]

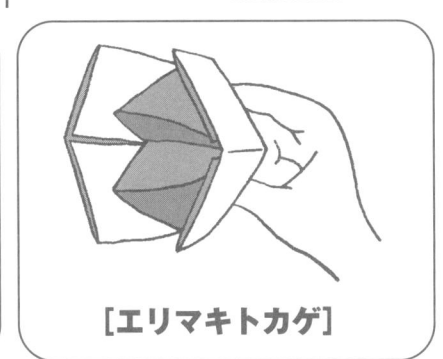

[エリマキトカゲ]

奴さんのいろいろ

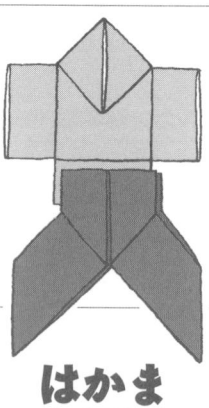

はかま おり方P63

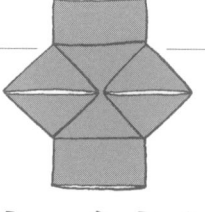

ちょうちん おり方P64

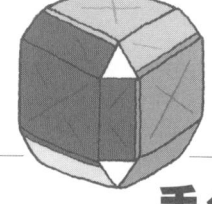

手まり おり方P63

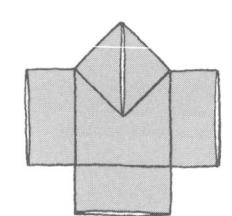

奴さん おり方P62

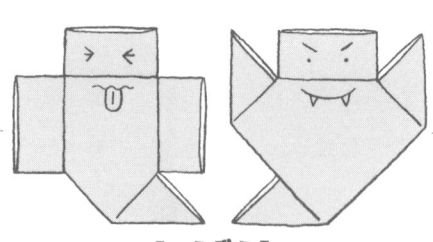

おばけ おり方P64

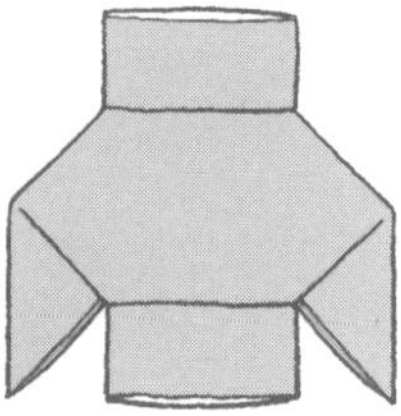

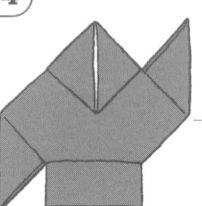

袖振奴 おり方P64

盆灯籠 おり方P64

奴さんの組み合わせ
おり方 P63

パッチリカメラ
おり方 P65

忍者
おり方 P64

大砲船
おり方 P64

28 奴さんとはかま

"奴さん"は"おり鶴"と並ぶ代表的な伝承おり紙だ。"奴さん"は"はかま"と組み合わせて完成するのだが"奴さん"も"はかま"もザブトンおり3回からつくる。

ザブトン基本形 P55

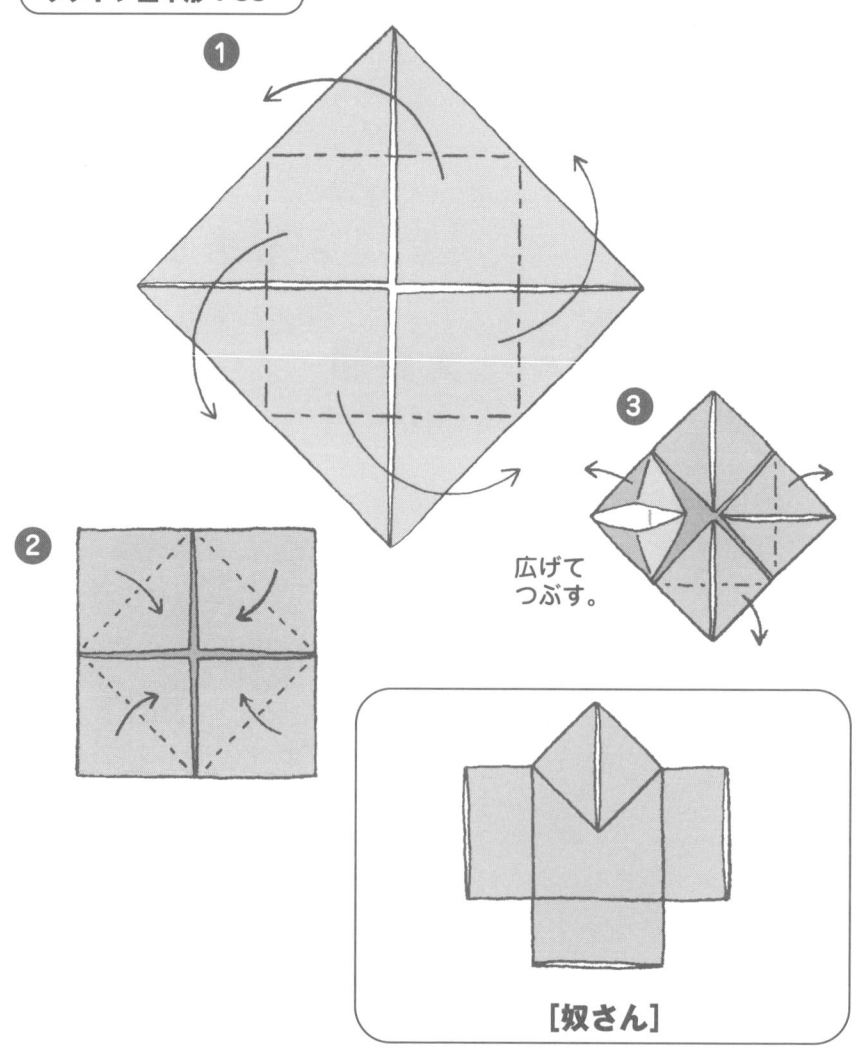

①

②

③ 広げてつぶす。

[奴さん]

① ②

③

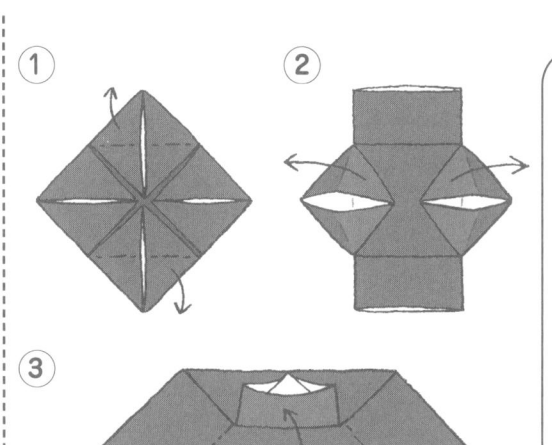

広げて、おり線に合わせてたたみなおす。

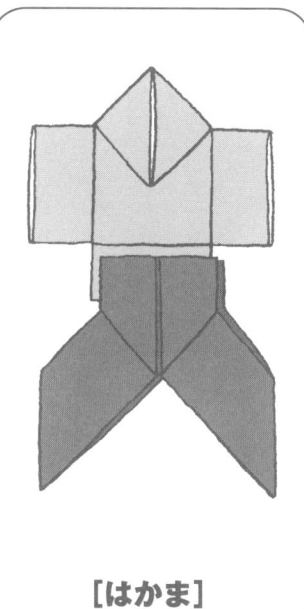

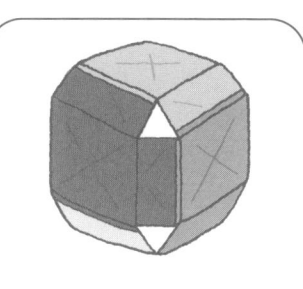

[はかま]

[手まり]

"奴さん"は組み合わせることができる。長くつないで頭に合わせて輪にすれば"カンムリ"になる。左図のように6つを組み合わせて立体にし、手まりとして遊ぶこともできる。"奴さん"は立派な"ユニット（P82）"といえる。くふうすればいろいろなものができる。

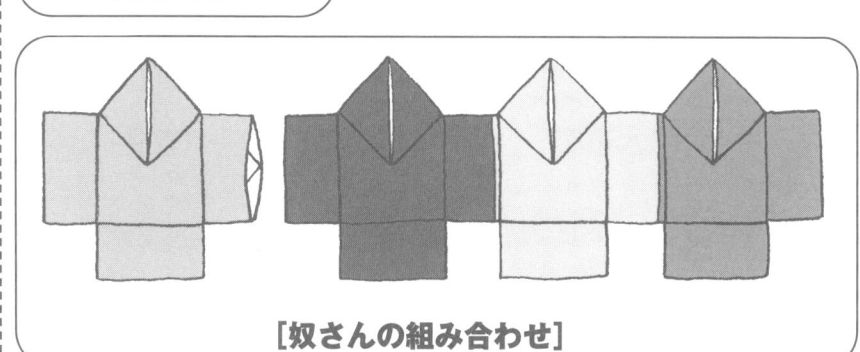

[奴さんの組み合わせ]

29 奴さんの七変化とパッチリカメラ

❶ [ちょうちん]

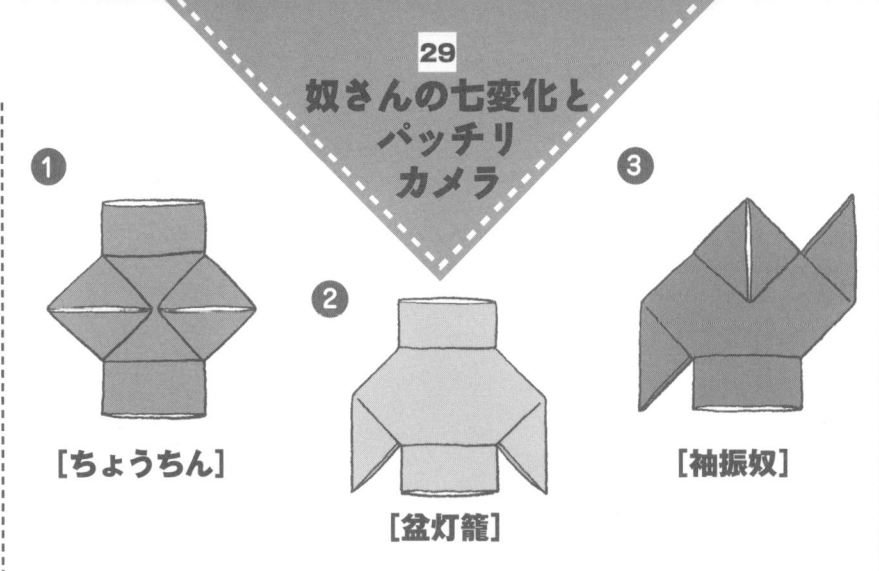

❷ [盆灯籠]

❸ [袖振奴]

"奴さん"という作品は、変身の名人のようである。伝承作品の中にも"奴さん"の変身のものが多くある。どのように変身させたのか考えてみよう。

❹

❺ [おばけ]

❻ [大砲船]

❼ [忍者]

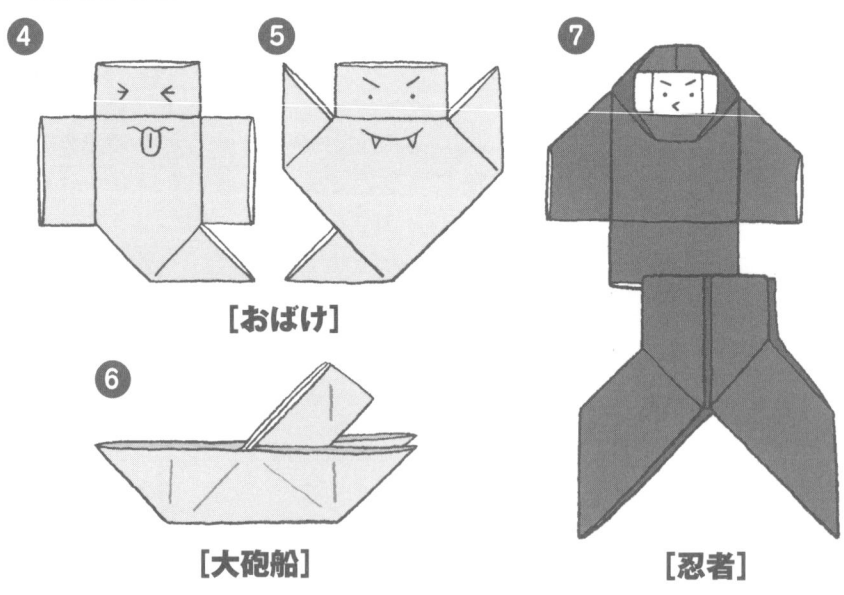

❶ "ちょうちん"または"切子灯篭"という伝承の作品。
❷ "盆灯籠"も古くから知られている作品だが、"奴さん"の変身というより"はかま"からの変化形といったほうがわかりやすいだろう。
❸ "袖振奴"。

❹❺ "おばけ"などという作品もある。
ところで、❻の"大砲船"は一見"だまし舟"の変化形とも思われるが、これも"奴さん"の変身なのだ…。どんなおり方をしているのか？
＜ヒント＞ ❺の"おばけ"から一おりするだけなのだが…？
❼ "忍者"は"はかま"をつけて完成!!

　下の"パッチリカメラ"は"はかま"からの変化形だが、形の上からはとてもカメラに見えない。子どもたちの中から産み出されたものといわれるこの作品は、形ではなくシャッター音からの発想なのだ。"音が出る"という機能が主体となっている楽しい作品だ。

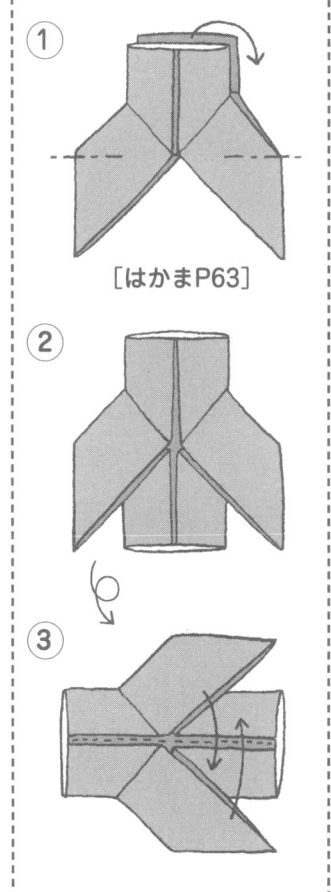

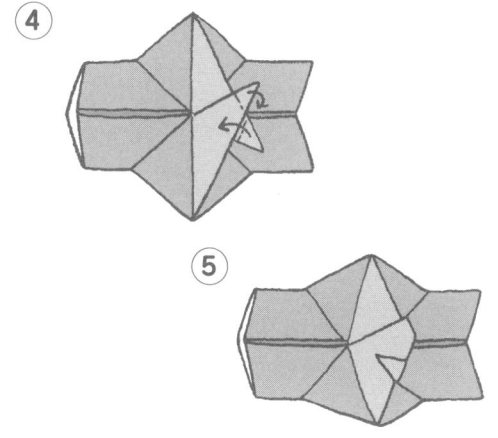

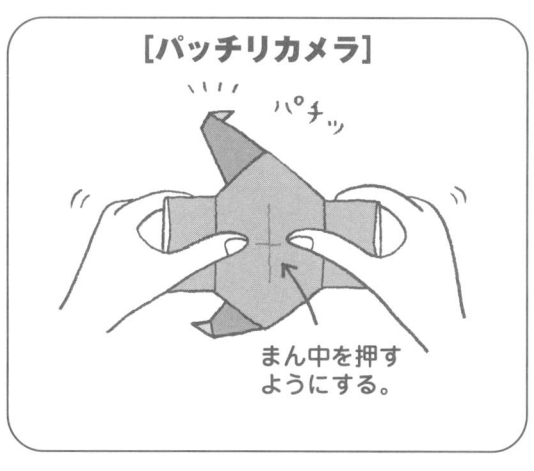

① [はかまP63]

②

③

④

⑤

[パッチリカメラ]

パチッ

まん中を押すようにする。

舟のいろいろと勲章

舟のおり方も、くふうしだいで、イメージ通りのいろいろな舟になる。また二双舟の基本形からはペンダントのような勲章がおれる。

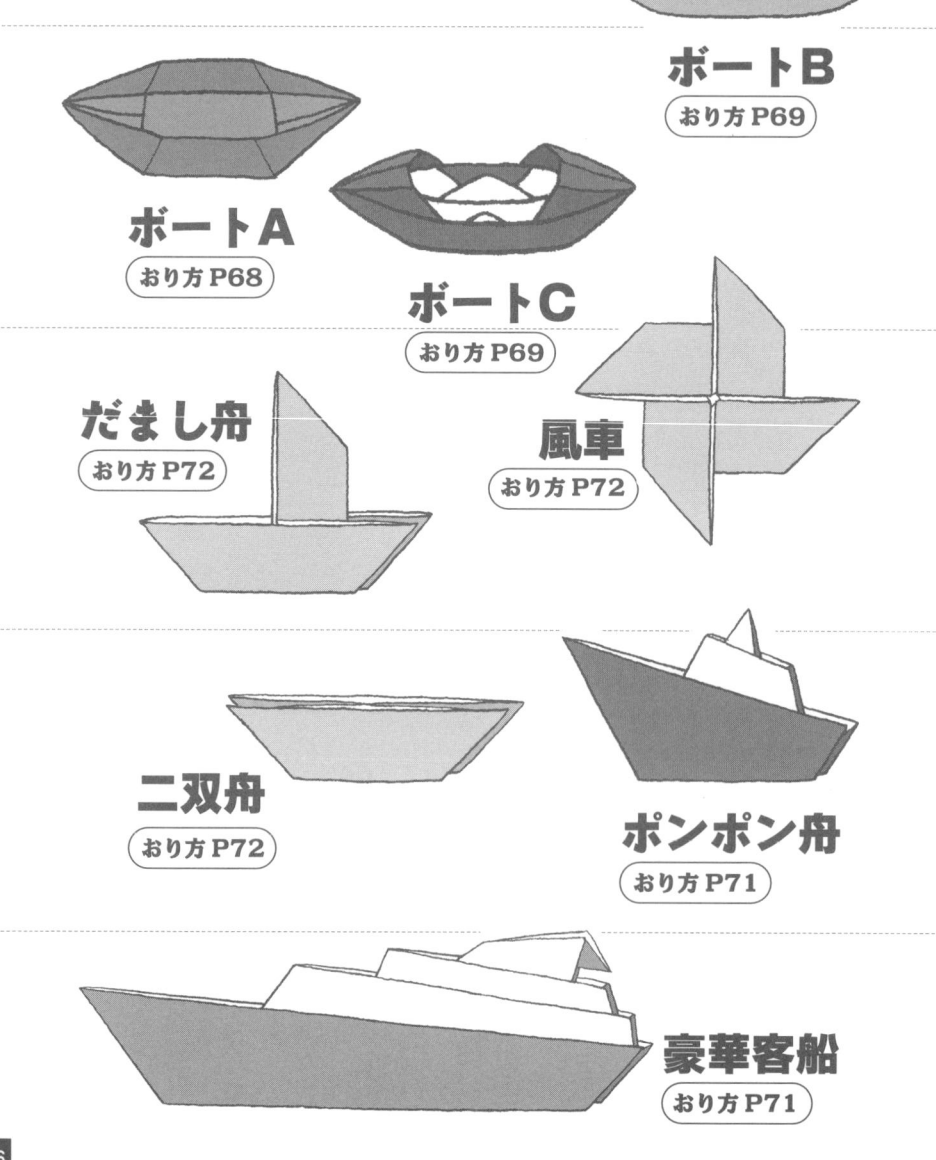

ボートB
おり方P69

ボートA
おり方P68

ボートC
おり方P69

だまし舟
おり方P72

風車
おり方P72

二双舟
おり方P72

ポンポン舟
おり方P71

豪華客船
おり方P71

ヨットA
おり方P70

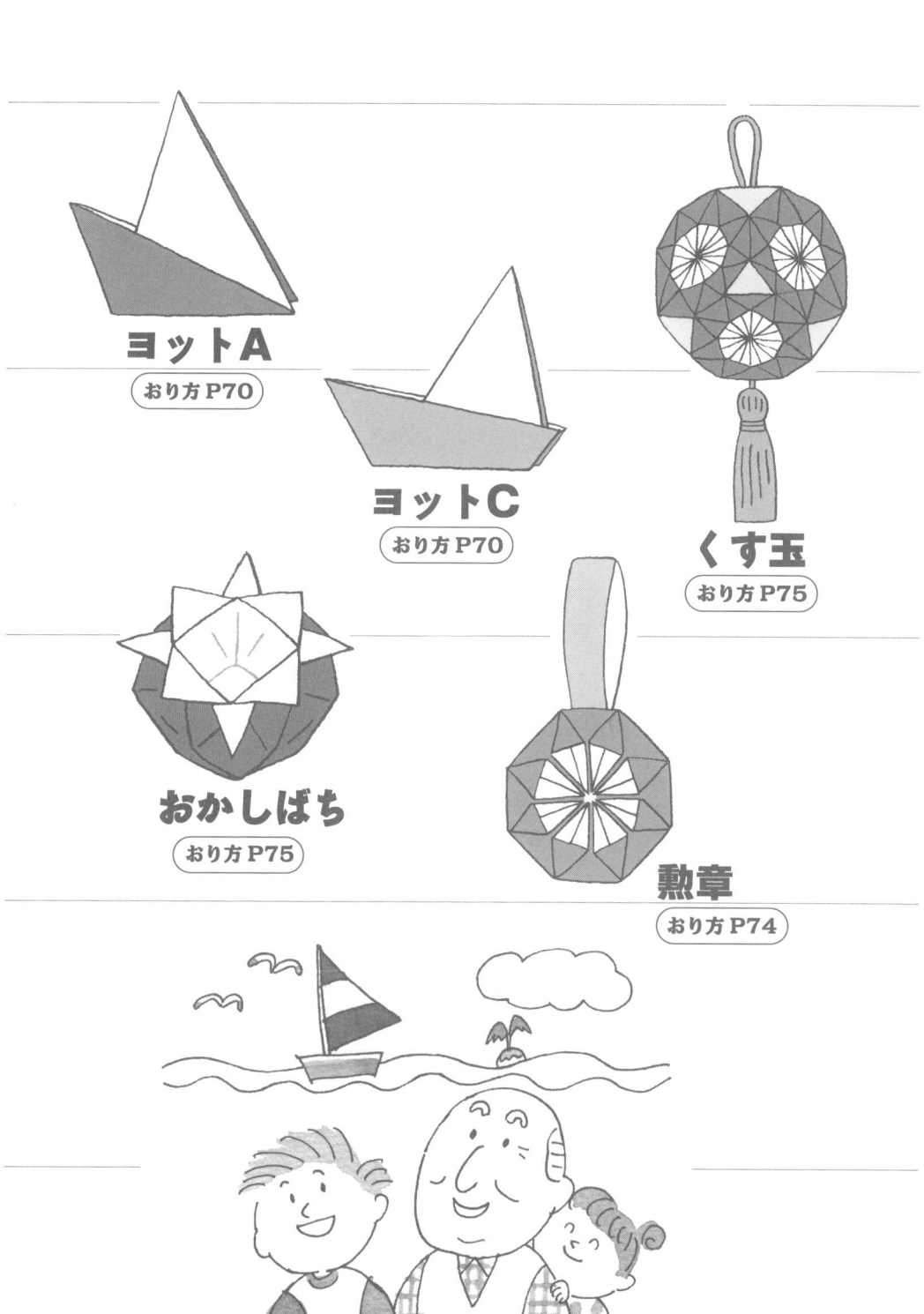

ヨットC
おり方P70

くす玉
おり方P75

おかしばち
おり方P75

勲章
おり方P74

67

30 ボート A・B・C

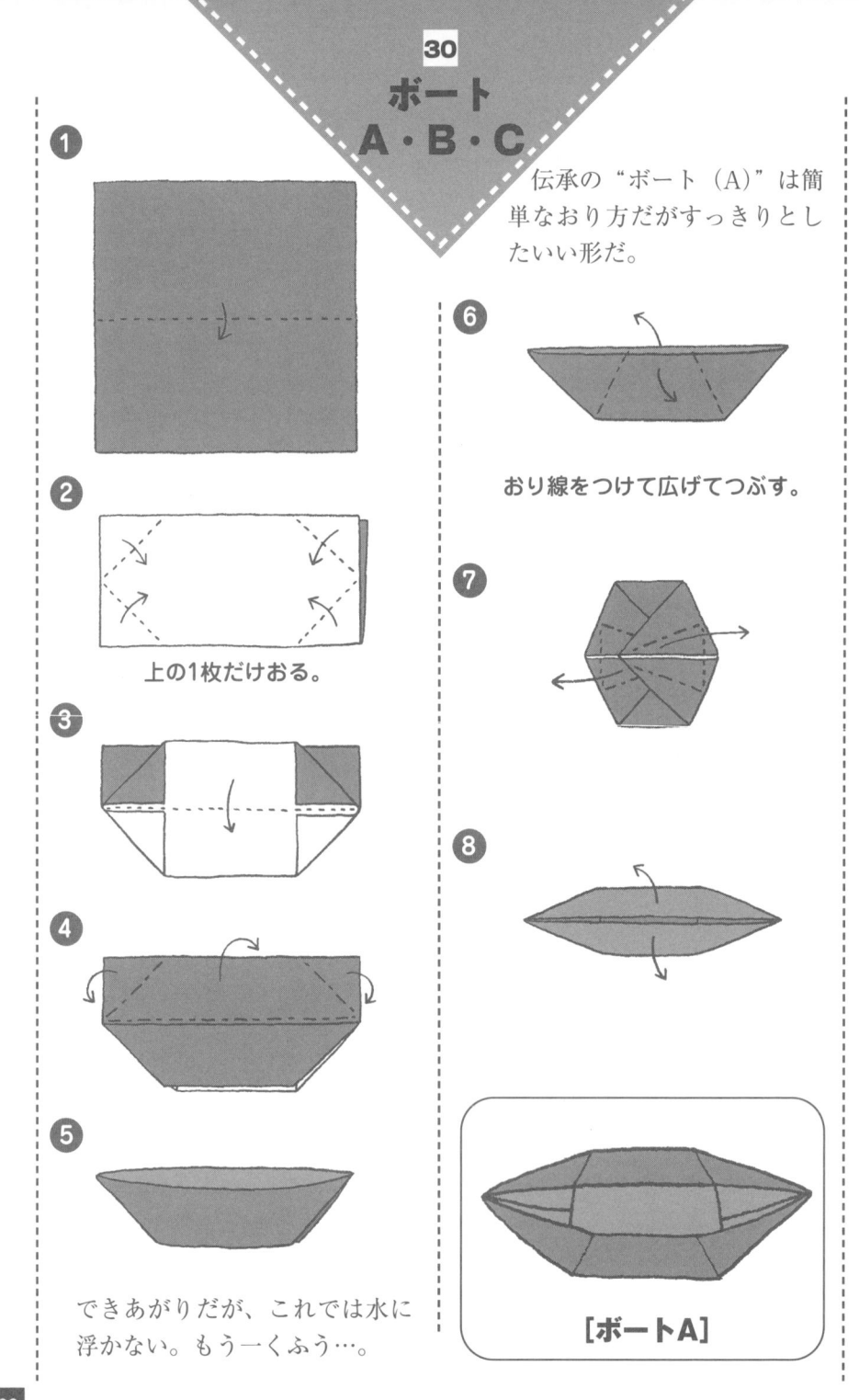

伝承の"ボート（A）"は簡単なおり方だがすっきりとしたいい形だ。

①

② 上の1枚だけおる。

③

④

⑤ できあがりだが、これでは水に浮かない。もう一くふう…。

⑥ おり線をつけて広げてつぶす。

⑦

⑧

[ボートA]

"ボート（B）"も伝承の作品だ。造形的にも機能的にも、なかなか良い作品だ。

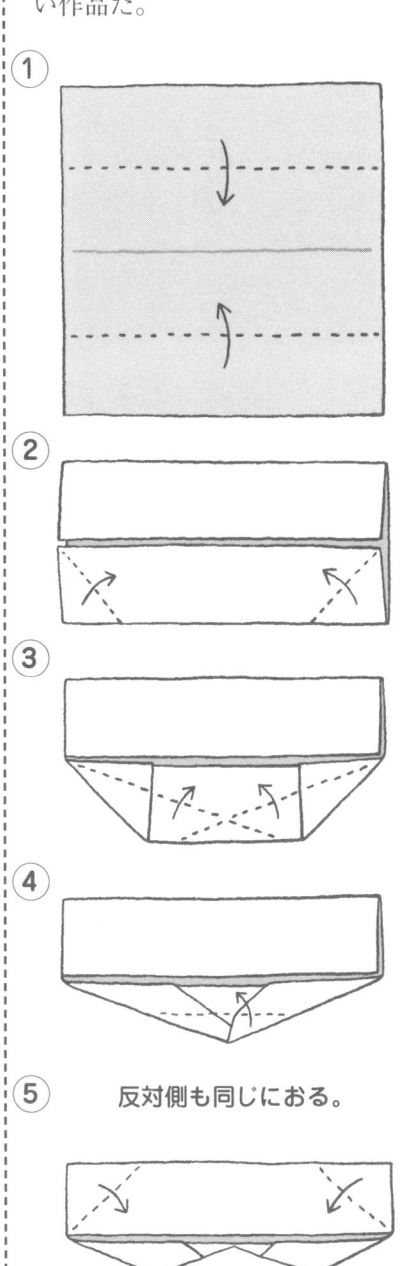

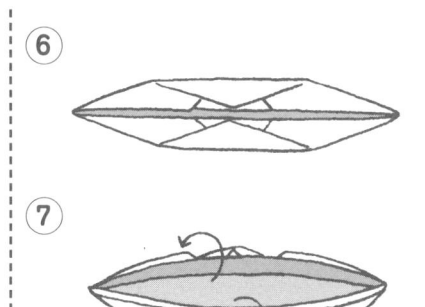

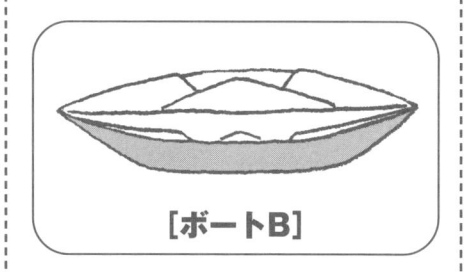

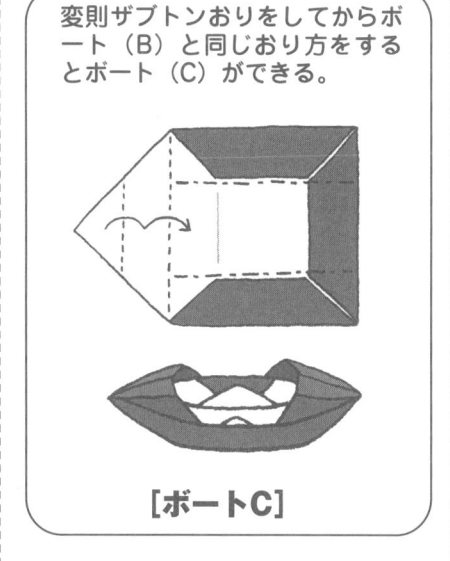

①

②

③

④

⑤ 反対側も同じにおる。

⑥

⑦ まん中を開いてひっくり返す。

[ボートB]

変則ザブトンおりをしてからボート（B）と同じおり方をするとボート（C）ができる。

[ボートC]

31 ヨットから豪華客船へ

①

三角おりから、もう一おりでできる最もやさしい作品の一つの"ヨット"は、形だけのものでなく、実際に水に浮かべられるという機能を、しっかりと持っている。

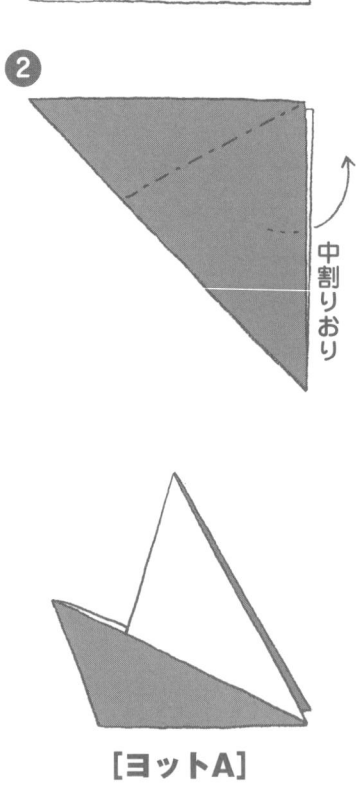

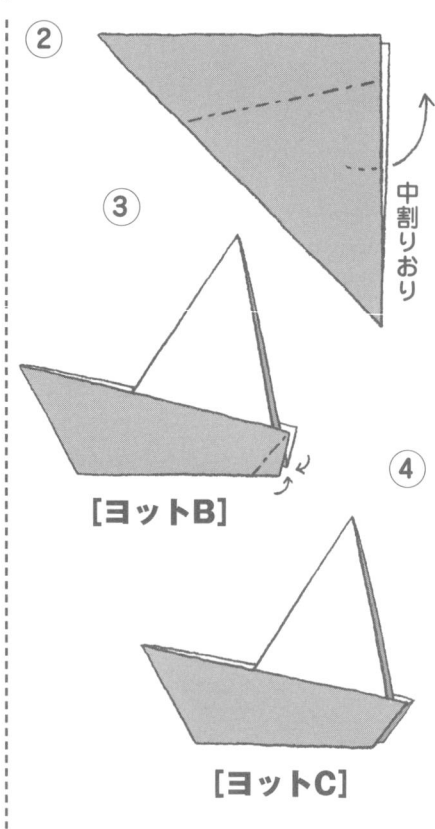

② 中割りおり

② 中割りおり

③ [ヨットB]

④ [ヨットC]

[ヨットA]

もとは（A）の形だったようだが、何となく船尾が沈んだようで不安定なので、いつしか（B）の形に改められたようだ。

さらに船尾からの浸水を防ぐために、角を斜めに中に小さく押し込む（C）というくふうも加えられた。

おり線の目安のとり方で"ヨット"の形が少しずつ変わる。

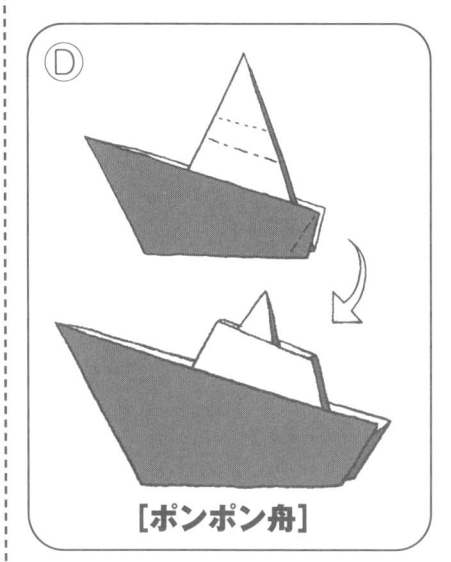

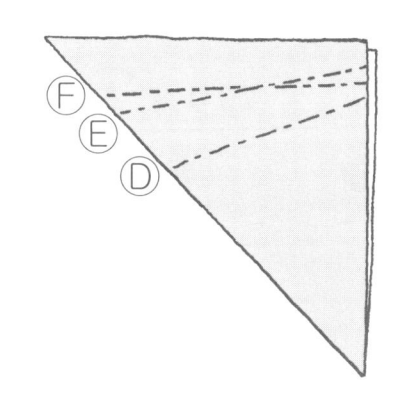

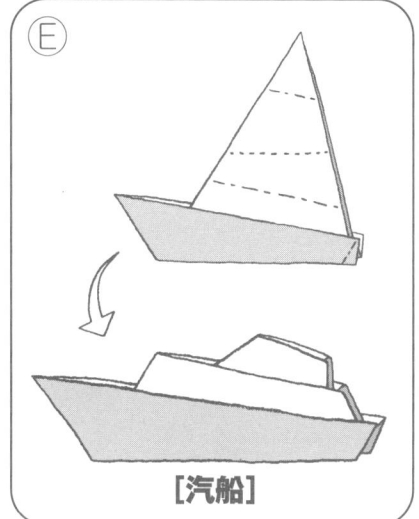

[ポンポン舟]

さらに帆の部分をひだおりにするといろいろな船ができる。

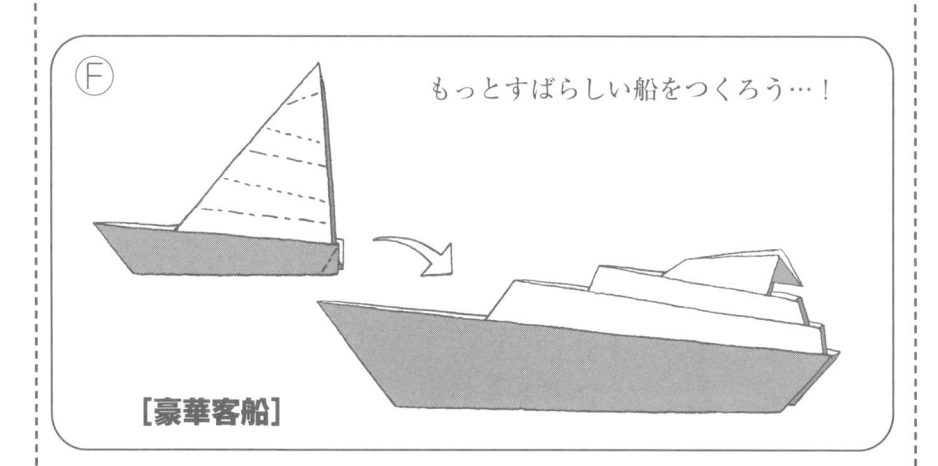

[汽船]

もっとすばらしい船をつくろう…！

[豪華客船]

おり方 7 二双舟基本形

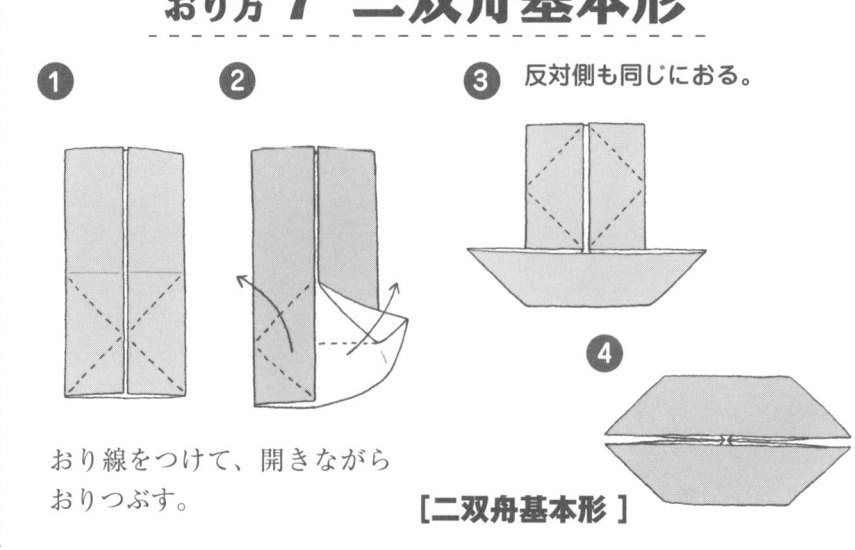

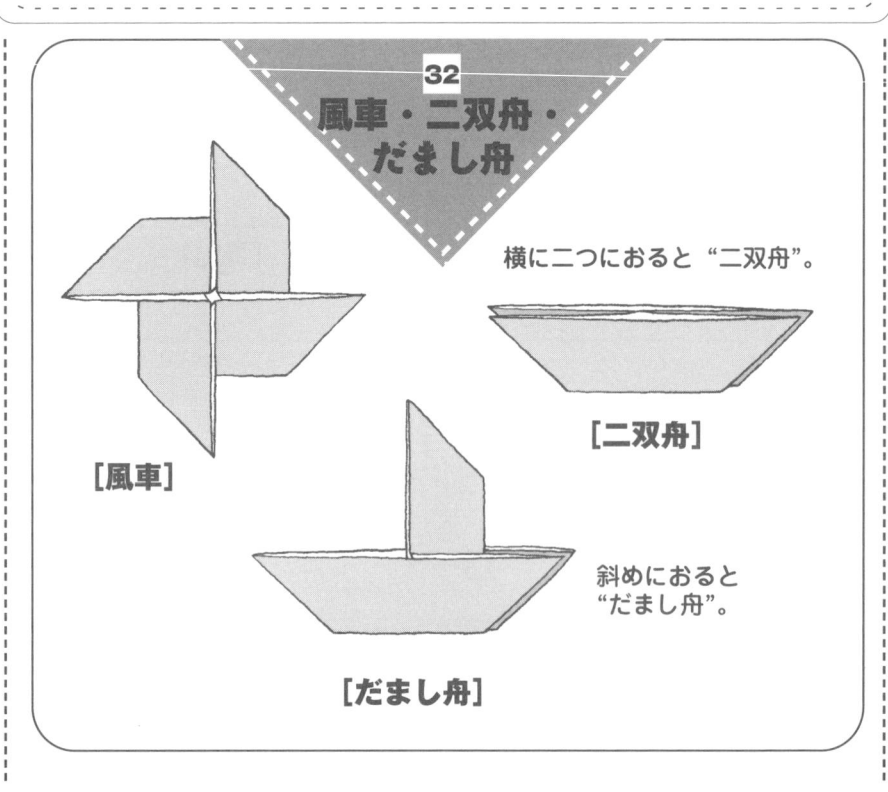

❶ ❷ ❸ 反対側も同じにおる。

❹

おり線をつけて、開きながらおりつぶす。

[二双舟基本形]

32 風車・二双舟・だまし舟

横に二つにおると"二双舟"。

[風車]

[二双舟]

斜めにおると"だまし舟"。

[だまし舟]

伝承の"二双舟"は最後のおり方の違いで"だまし舟"になる。ま
た、"風車"も二双舟基本形からつくられている。
変則ザブトンおりをしてからおると"帆の白いだまし舟""帆の白
いヨット"ができる。

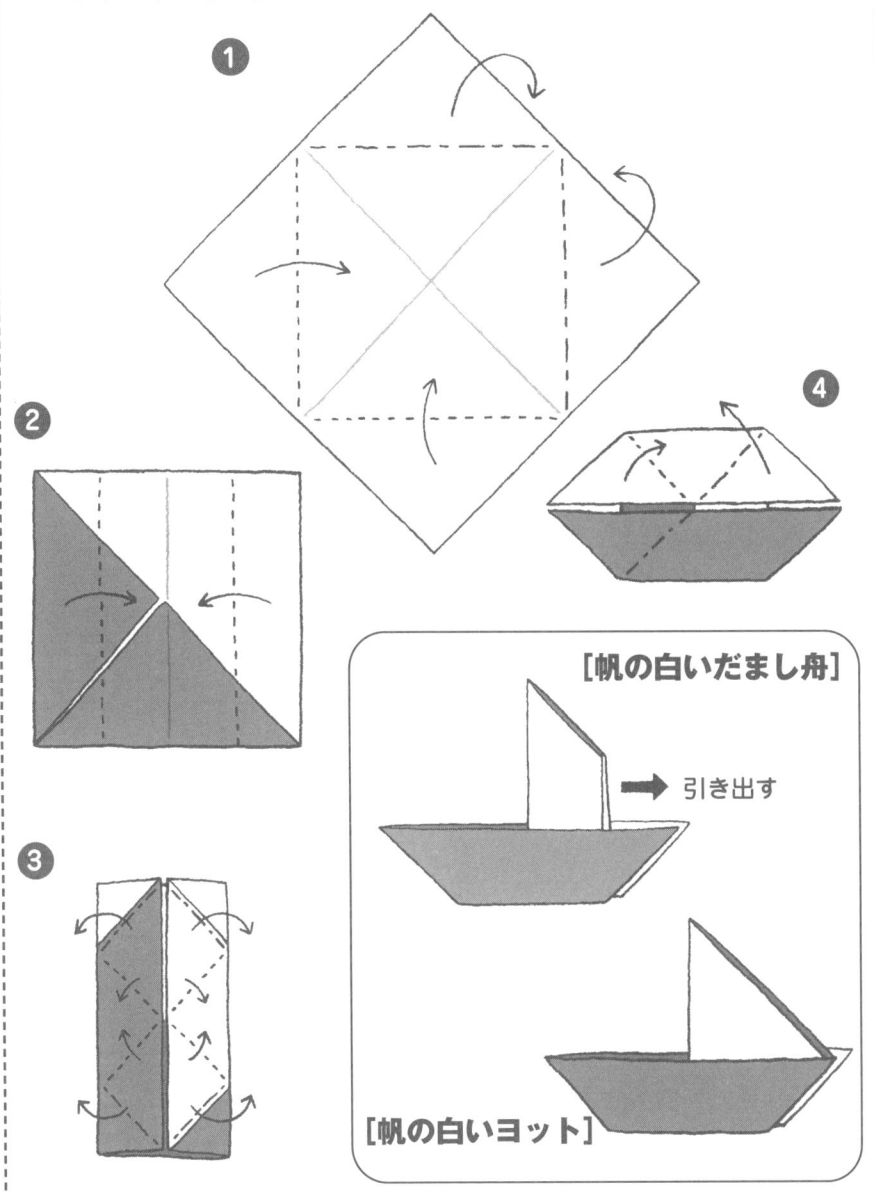

❶

❷

❸

❹

[帆の白いだまし舟]

➡ 引き出す

[帆の白いヨット]

33 勲章

二双舟基本形 P72

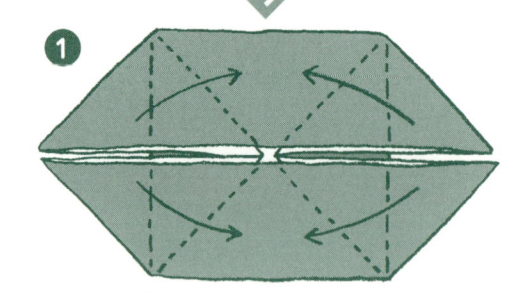

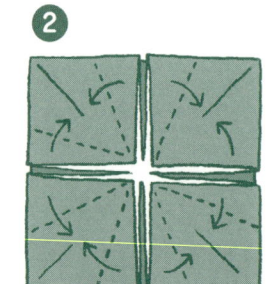

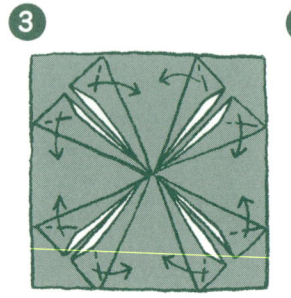

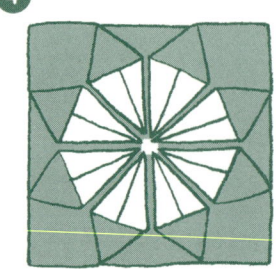

① ② ③ ④

開いて四角につぶす。

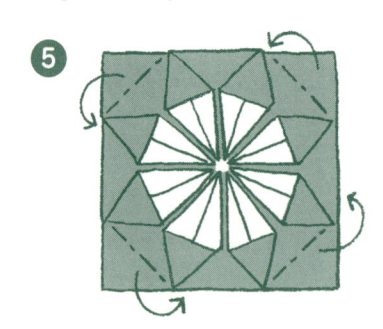

⑤

　二双舟の基本形は、その変化形が豊富だ。昔は"勲章"といっていた作品も二双舟からの変化形である。今なら"メダル"とか"ペンダント"といったらいいだろう。

[勲章]

6つの勲章をはり合わせると"くす玉"ができる。

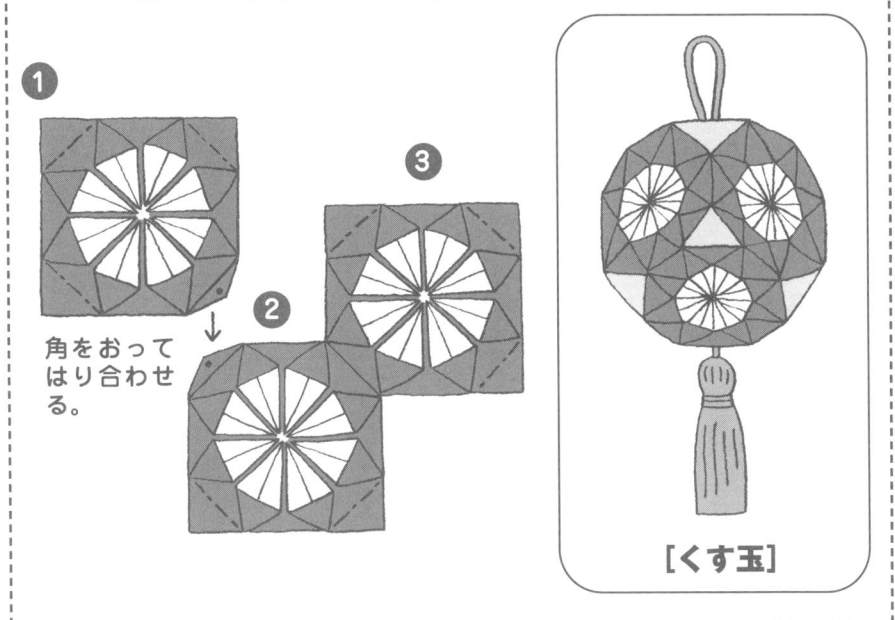

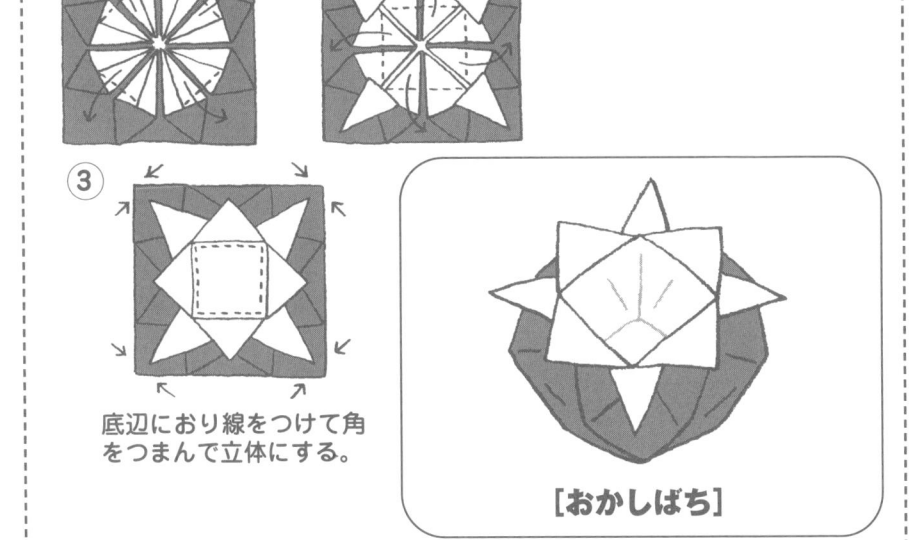

① 角をおってはり合わせる。

②

③

[くす玉]

①

②

③ 底辺におり線をつけて角をつまんで立体にする。

[おかしばち]

組み合わせのいろいろ

4つ手組み風車
おり方P79

3つ手組み風車
おり方P78

4枚組みのこま A・B
おり方P80

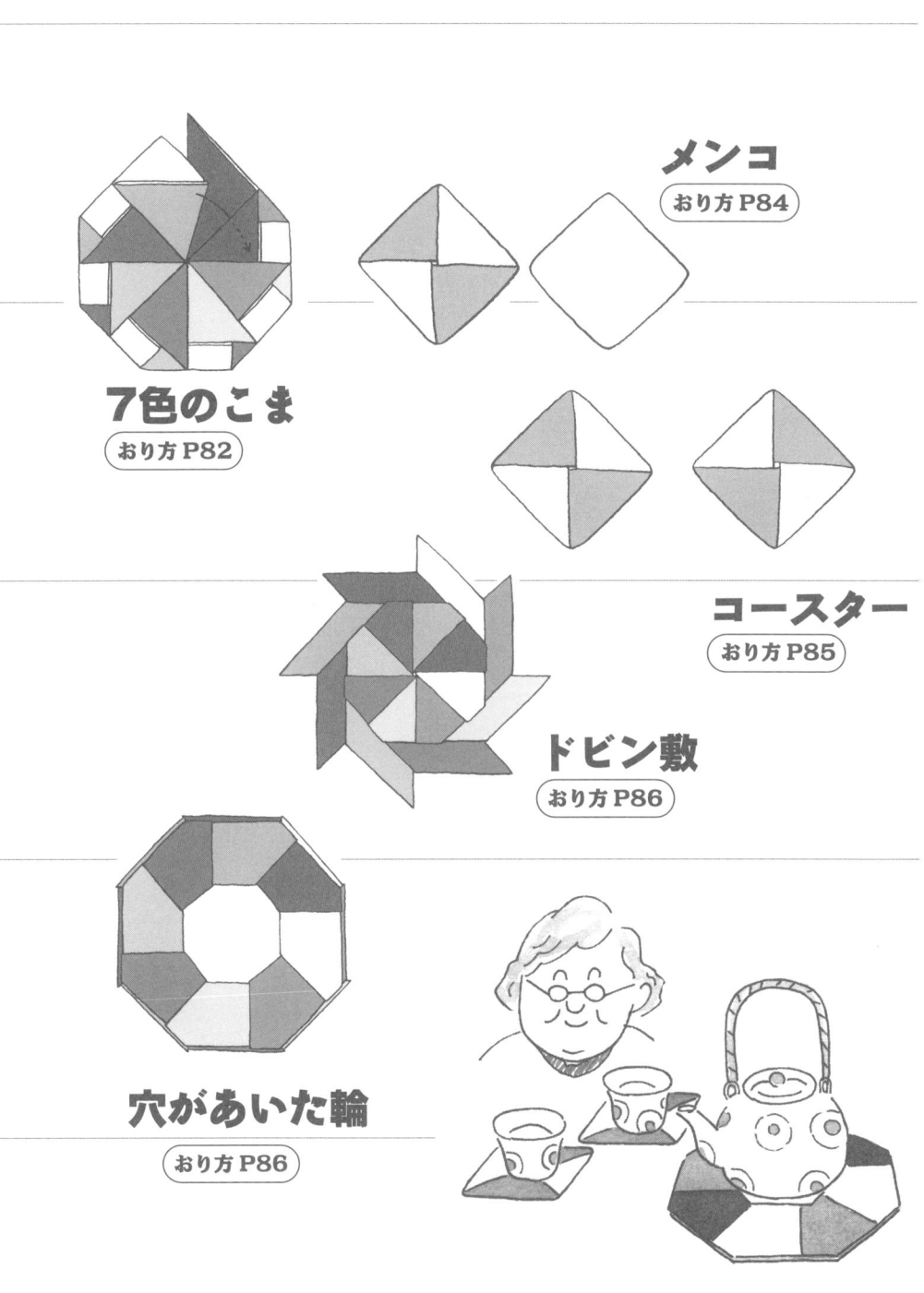

7色のこま
おり方 P82

メンコ
おり方 P84

コースター
おり方 P85

ドビン敷
おり方 P86

穴があいた輪
おり方 P86

34
3つ手組みと4つ手組みの風車

　紙などを手に入れることのできなかった昔の子どもたちは、ススキやアシの葉を組んで"風車"や"水車"をつくって遊んでいた。
　沖縄にはアダンの葉で編んだ"カジマヤ(風車)"がある。

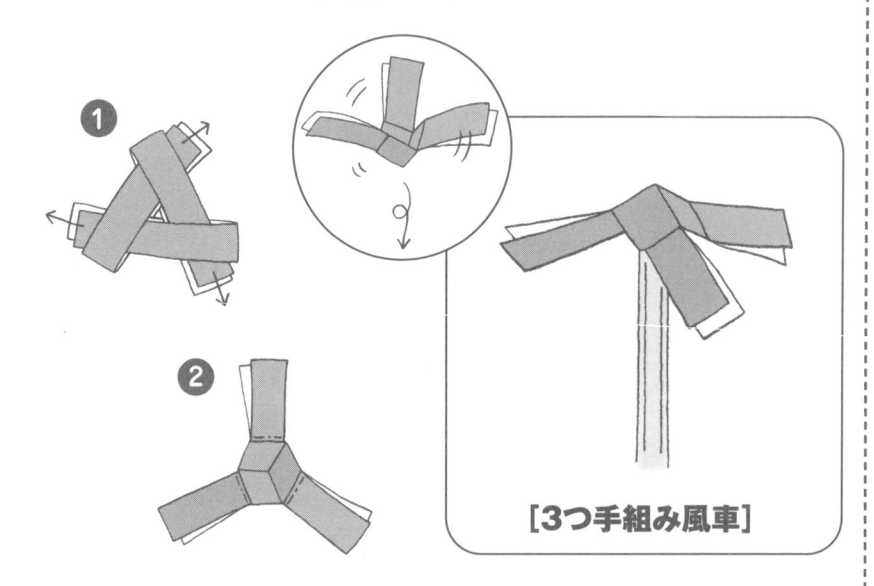

[3つ手組み風車]

❶おり紙を細長く8分の1に切って、3枚をそれぞれ2つにおって、図のように組む。
❷組んだら、ほどけないように、羽のつけ根の部分を外側におり曲げる。

遊び方
高いところから落とすと、クルクルと回りながら落下する。ヘリコプターのようで楽しい。3角形のくぼみになったところに指を差し入れて、落とさないように気をつけながら野原を走りまわったものだ。くぼみに指のかわりに鉛筆などを差し入れてもいい。

4枚を組み合わせる"4つ手組み"は平らなので、回るようにするためにくふうしなければならない。

草の葉でつくった"風車"は羽先に細かい切り込みを入れて、つまようじなどに巻きつけて、上と下にカールした。

おり紙でつくる場合には、上の羽を裏におり返して下の羽にはり、ふくらませて風受けをつけるとよく回る。

おり紙1枚分で、ちょっとおしゃれな"4つ手組みの風車"をつくろう。色ちがいのおり紙を半分ずつ使う。

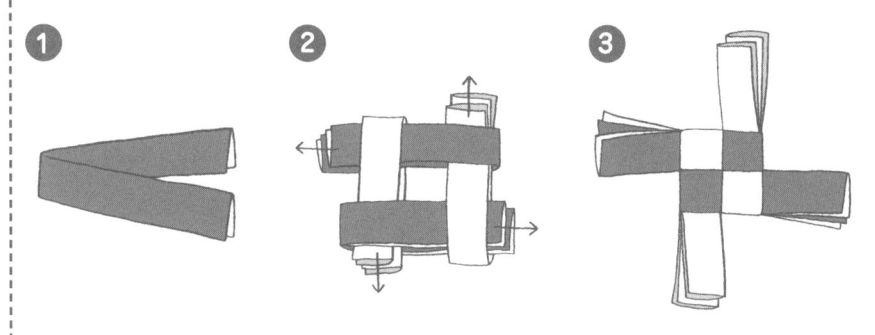

❶細長く4等分に切ったおり紙をさらに細長く、2つおりにして組む。4枚の羽が、それぞれ同じ側が開くように注意して組もう。

❷組み合わせた中心に針の長い画びょうを刺して、割ばしの先に固定する。裏の中心にセロファンテープをはると回りがよくなる。

[4つ手組み風車]

35 4枚組みの こまA・B

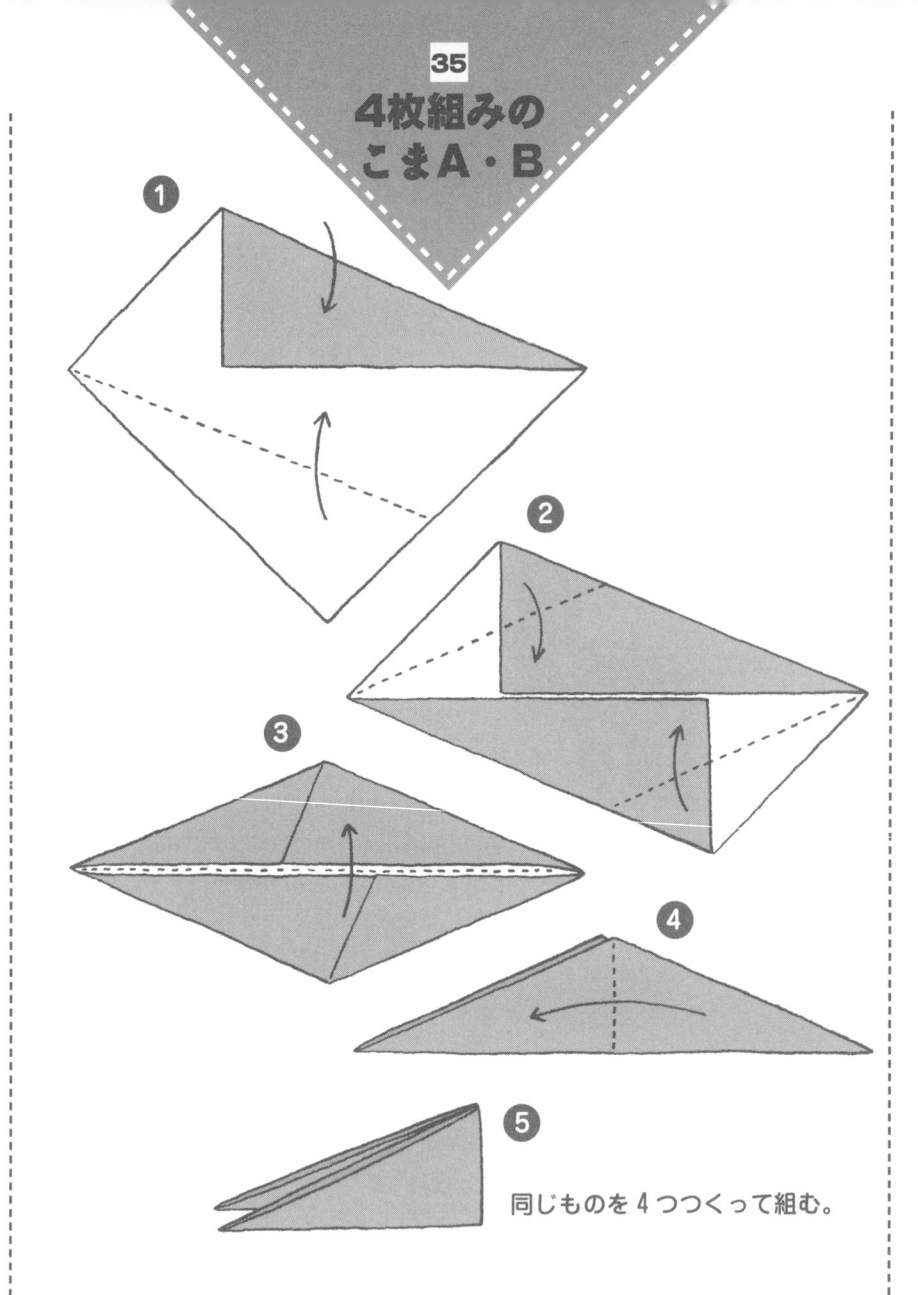

❶
❷
❸
❹
❺ 同じものを4つつくって組む。

　おり紙は本来は1枚の正方形の紙をおりたたんで物の形をつくるのだが、同じ形のものを2つ以上組み合わせて、別の形をつくることもできる。

　組み方は、4つ手組み（P79）と同じだが、組み方の違いで2種の形のものができる。

⑥

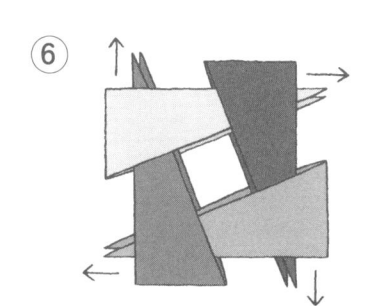

⑥

⑦

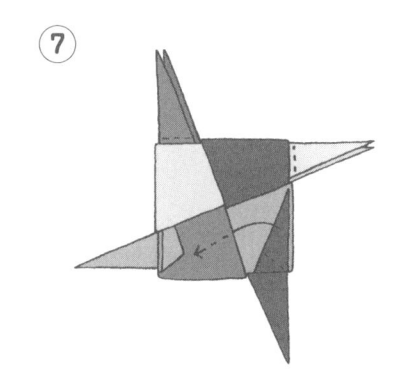

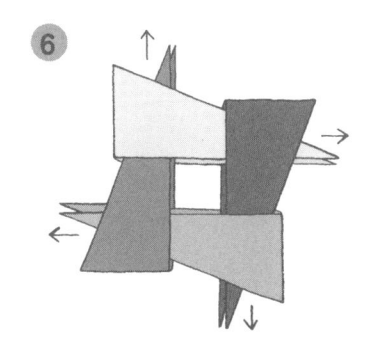

⑦

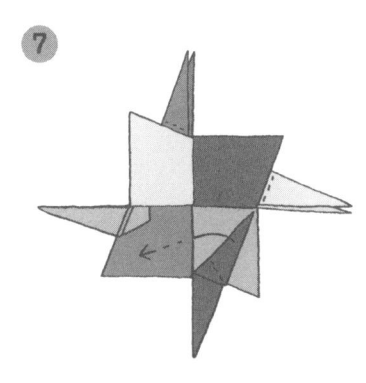

[こまA]

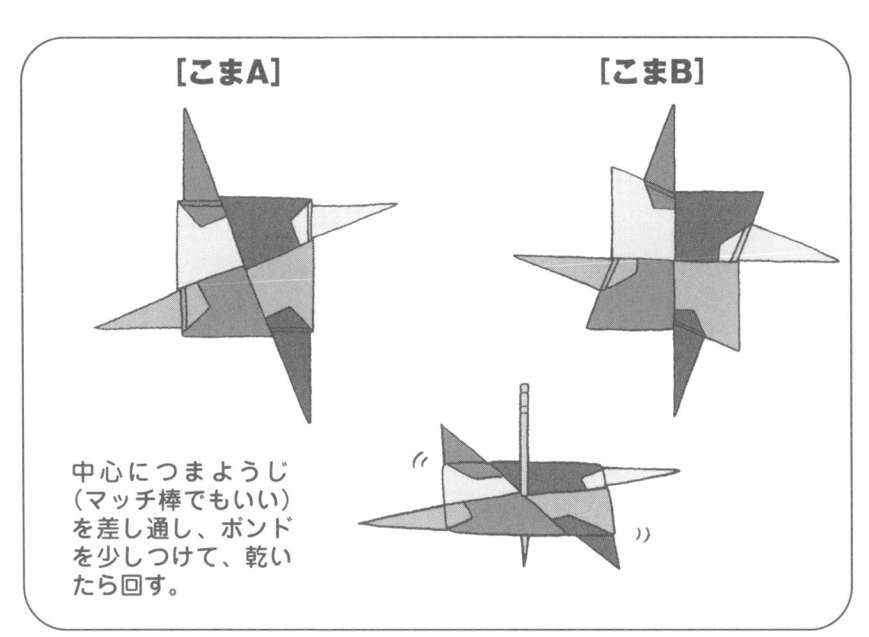

[こまB]

中心につまようじ
(マッチ棒でもいい)
を差し通し、ボンド
を少しつけて、乾い
たら回す。

81

36 7色のこま

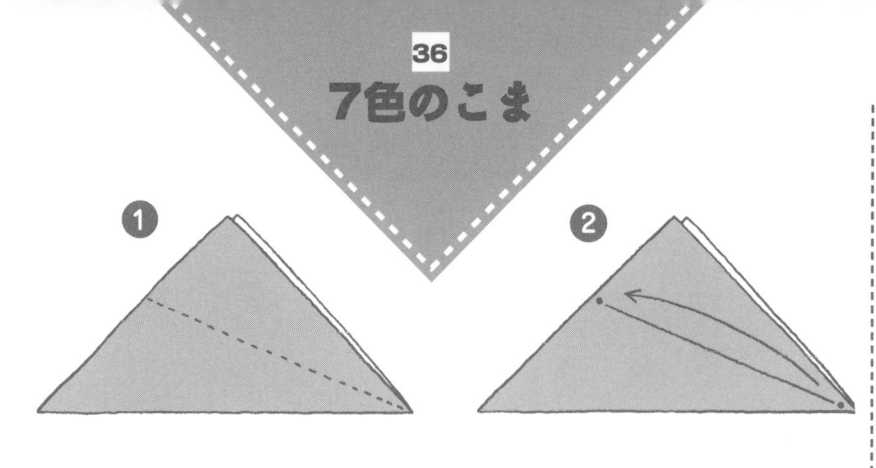

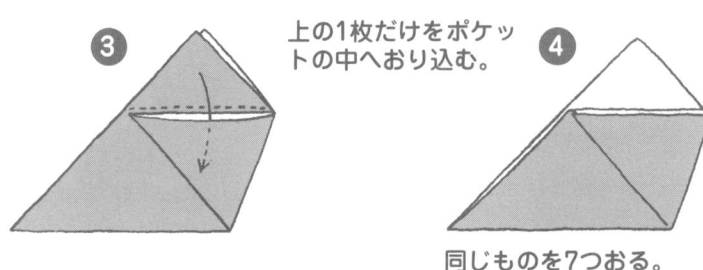

❶ ❷

❸ 上の1枚だけをポケットの中へおり込む。 ❹

同じものを7つおる。

組み合わせてつくるユニットおり紙

　1枚の紙をおって物の形をつくりだすのが、本来のおり紙だが、2つ以上のものを組み合わせて目的の形をつくる、という方法がある。"ユニットおり紙"といわれ、限りない可能性を持った新しい分野のおり紙であるといわれている。

　"ユニット=UNIT"とは、英語で"一つ"とか"単位"を表す言葉で、"全体を構成する1個""1部分"などという意味で、つくろうとする形を単純な"単位"に分解して、それを組み合わせて目的の形をつくりあげるおり紙のことを"ユニットおり紙"という。

　紙工作などではのりではり合わせたりするが、"ユニットおり紙"では"ユニット"同士をくっつけるのにのりなどを使わずに"組む"とか"差し込む"とかの方法で処理するのだ。

　伝承おり紙の作品の中には、"奴さん（P63）"のように、そのものをユニット化することのできるものがあるが、これは伝承作品の"コップ"を7枚組み合わせてできた"コマ"だ。8枚組めば"鍋敷き"になる。

[組み方]

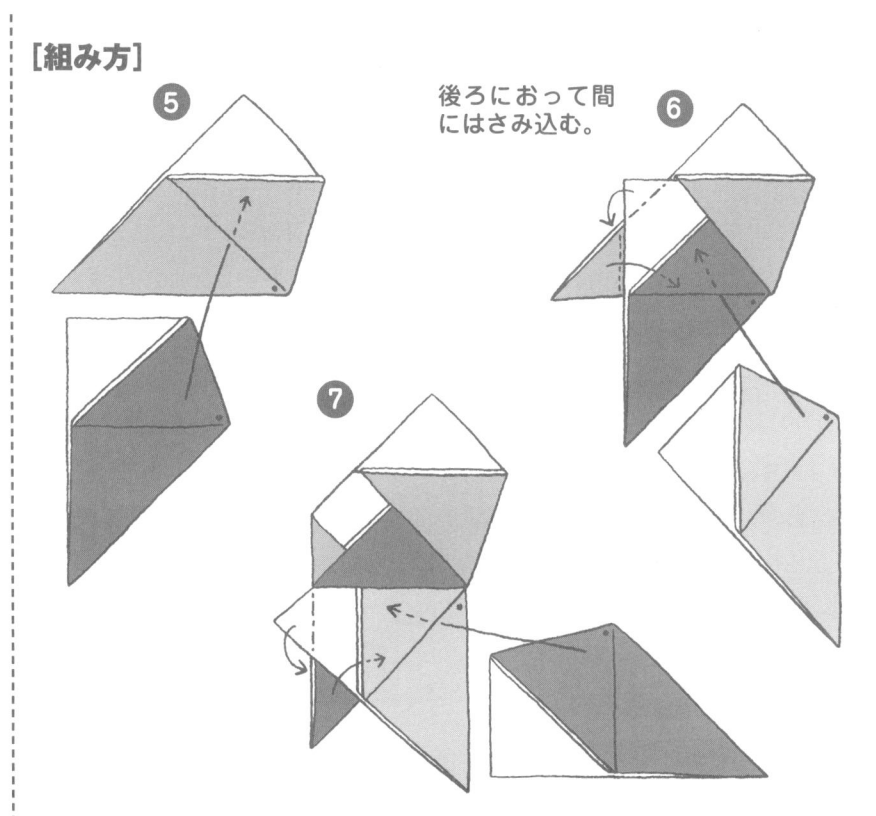

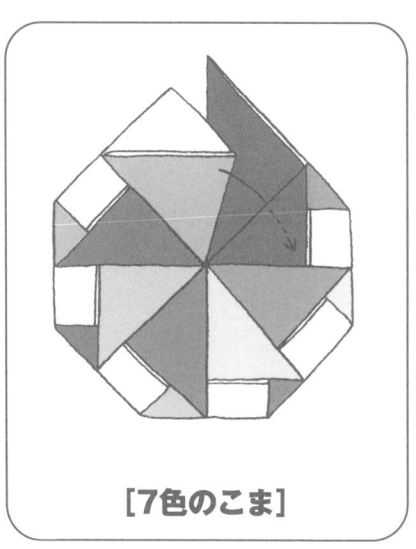

❺

後ろにおって間にはさみ込む。

❻

❼

　7枚を組んだら、1枚目と7枚目をまん中がへこむように組む。15cmのおり紙でつくると、だいぶ大きなこまになる。しん棒はつけずに"こま"のふちを持って、手くびを返すように投げて回す。

[7色のこま]

37 メンコとコースター

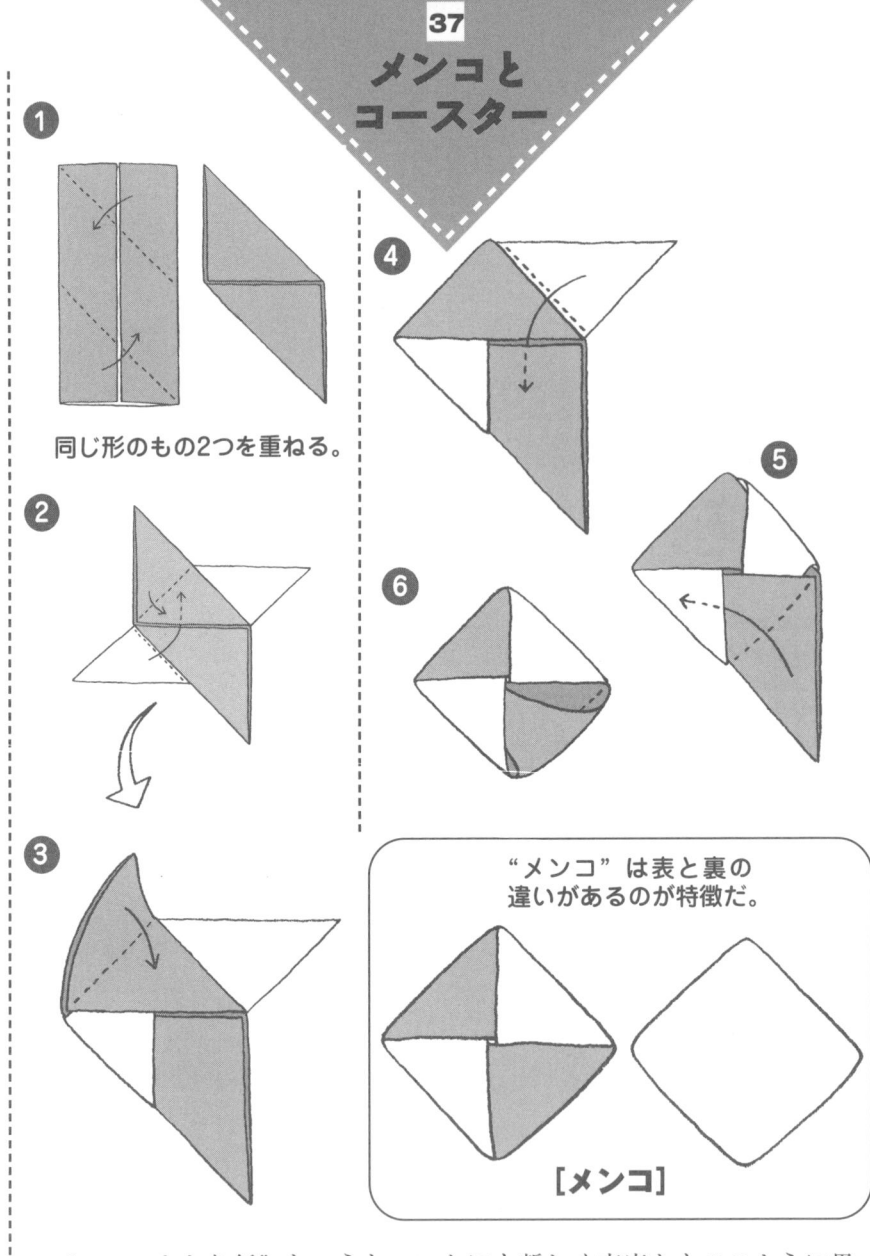

1. 同じ形のもの2つを重ねる。
2.
3.
4.
5.
6.

"メンコ"は表と裏の違いがあるのが特徴だ。

[メンコ]

　"ユニットおり紙"というと、いかにも新しく高度なもののように思ってしまうかもしれないが、実は、昔からの伝承作品の中にも、これと同じ考え方によるといっていいものがいくつかあるのだ。その代表的なものが"メンコ"と"手裏剣"だ。"メンコ"は何種類かのちがったものがある。

①

対称形2つを背中合わせにして組む。

②

③

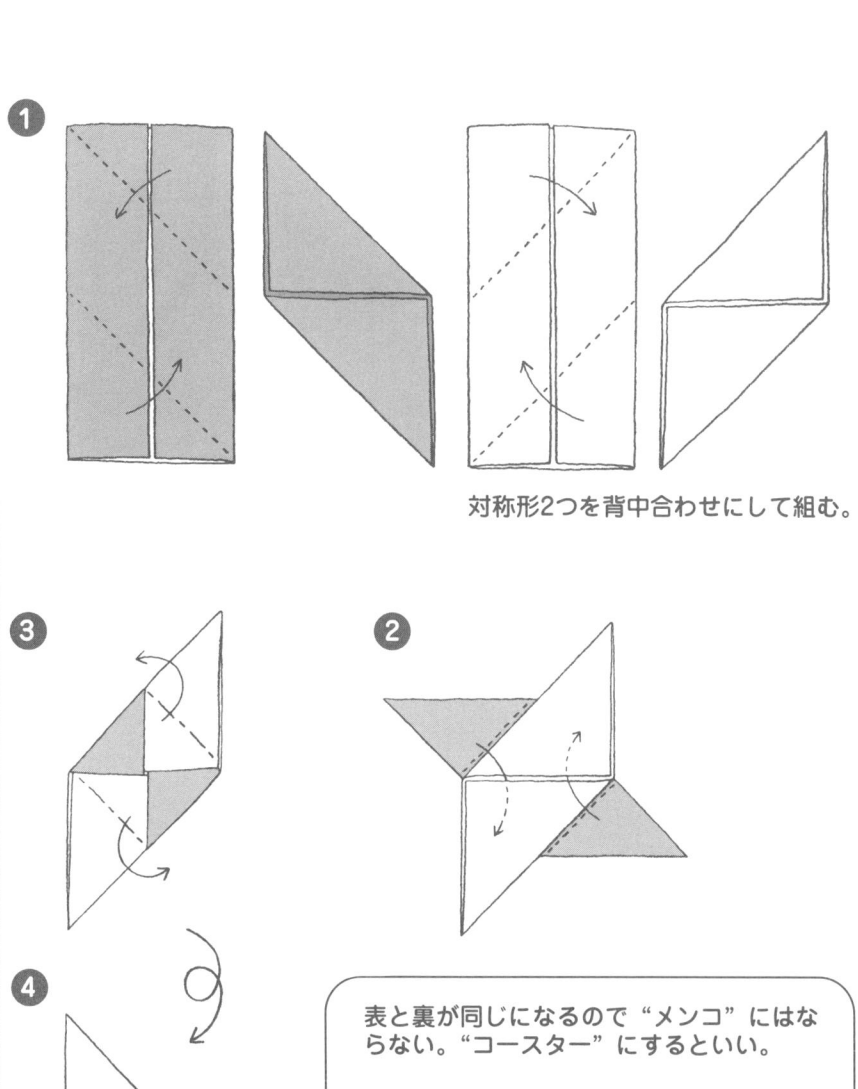

④

表と裏が同じになる

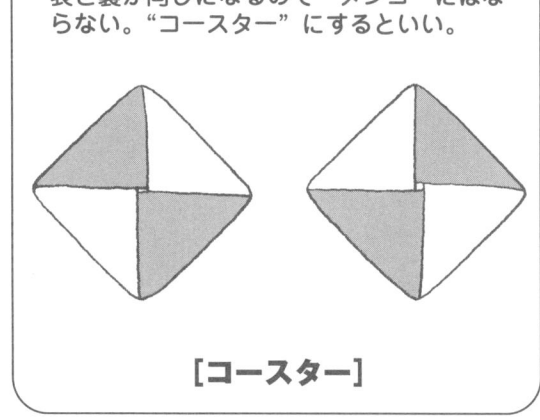

> 表と裏が同じになるので"メンコ"にはならない。"コースター"にするといい。
>
> [コースター]

85

38 ドビン敷

①

②

③

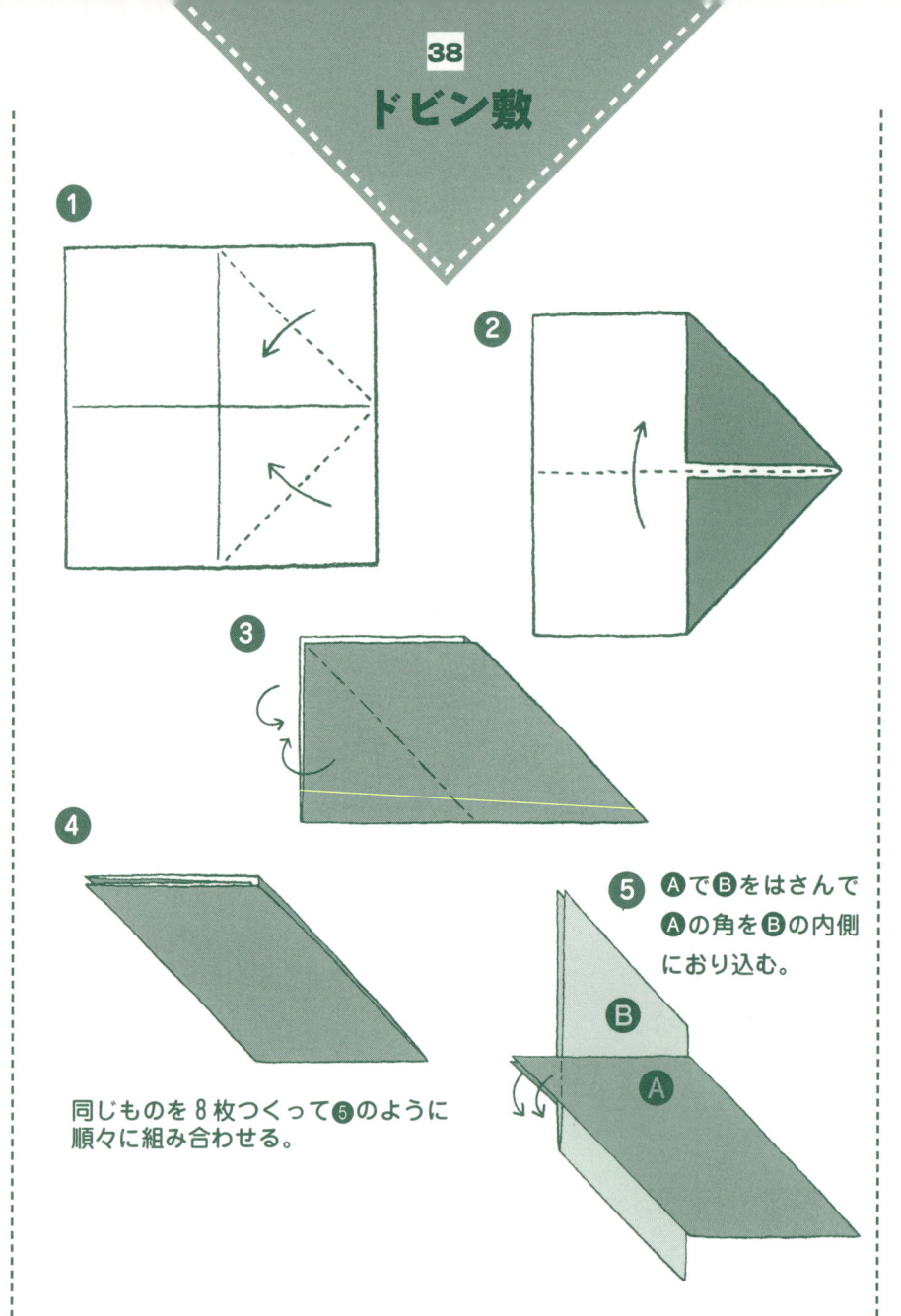

④ 同じものを8枚つくって❺のように順々に組み合わせる。

⑤ ❹で❺をはさんで❹の角を❺の内側におり込む。

　伝承作品の"ドビン敷"も、ユニット的な考え方による代表作の一つだろう。ここでは、形が変わるおもしろい"ドビン敷"を紹介しよう。15cmのおり紙でつくると"鍋敷き"かな…?

❻ **B**で**C**をはさむ。

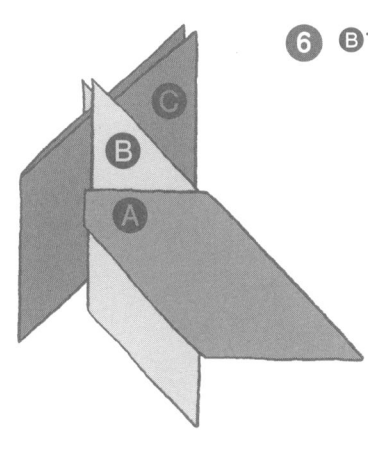

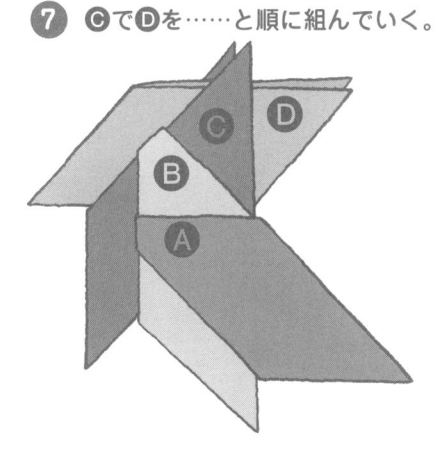

❼ **C**で**D**を……と順に組んでいく。

8枚を組むとこの形になる。

[ドビン敷]

内側の8角形の部分を外側に
ひっぱると中心部に穴があく。

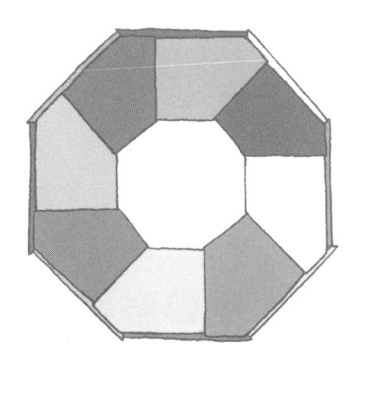

[穴があいた輪]

包みおりのいろいろ

紙の大きさによって、小物入れ、ポチ袋などにすることができる、便利なおり方。

鶴の祝い包み
おり方P92

かぶとをおり出した粉包み
おり方P89

鶴の慶事粉包み
おり方P93

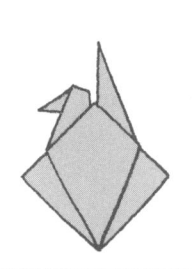

鶴の年玉包み
おり方P91

鶴のはし包み
おり方P90

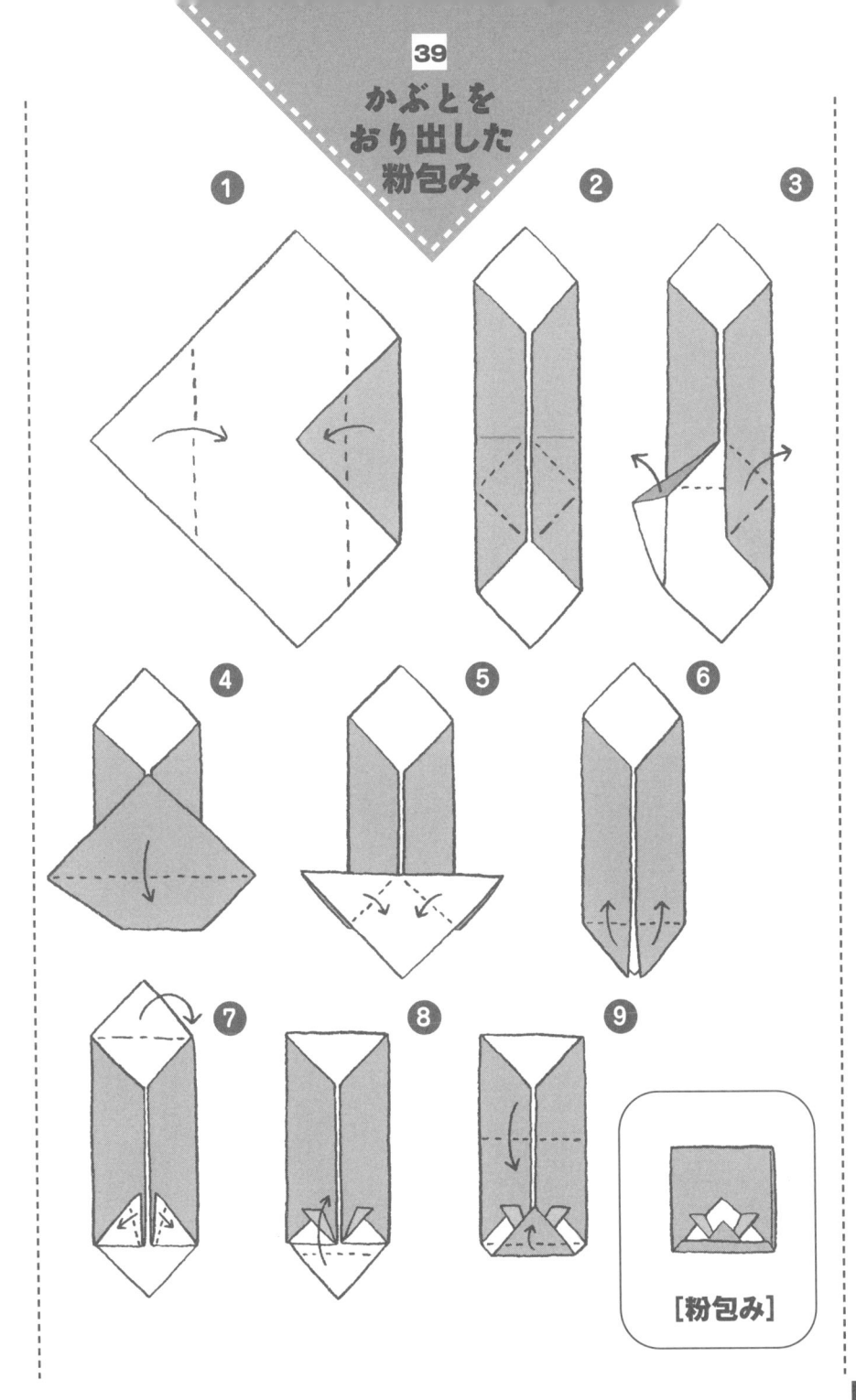

39
かぶとを おり出した 粉包み

❶ ❷ ❸
❹ ❺ ❻
❼ ❽ ❾

[粉包み]

40 鶴のはし包み

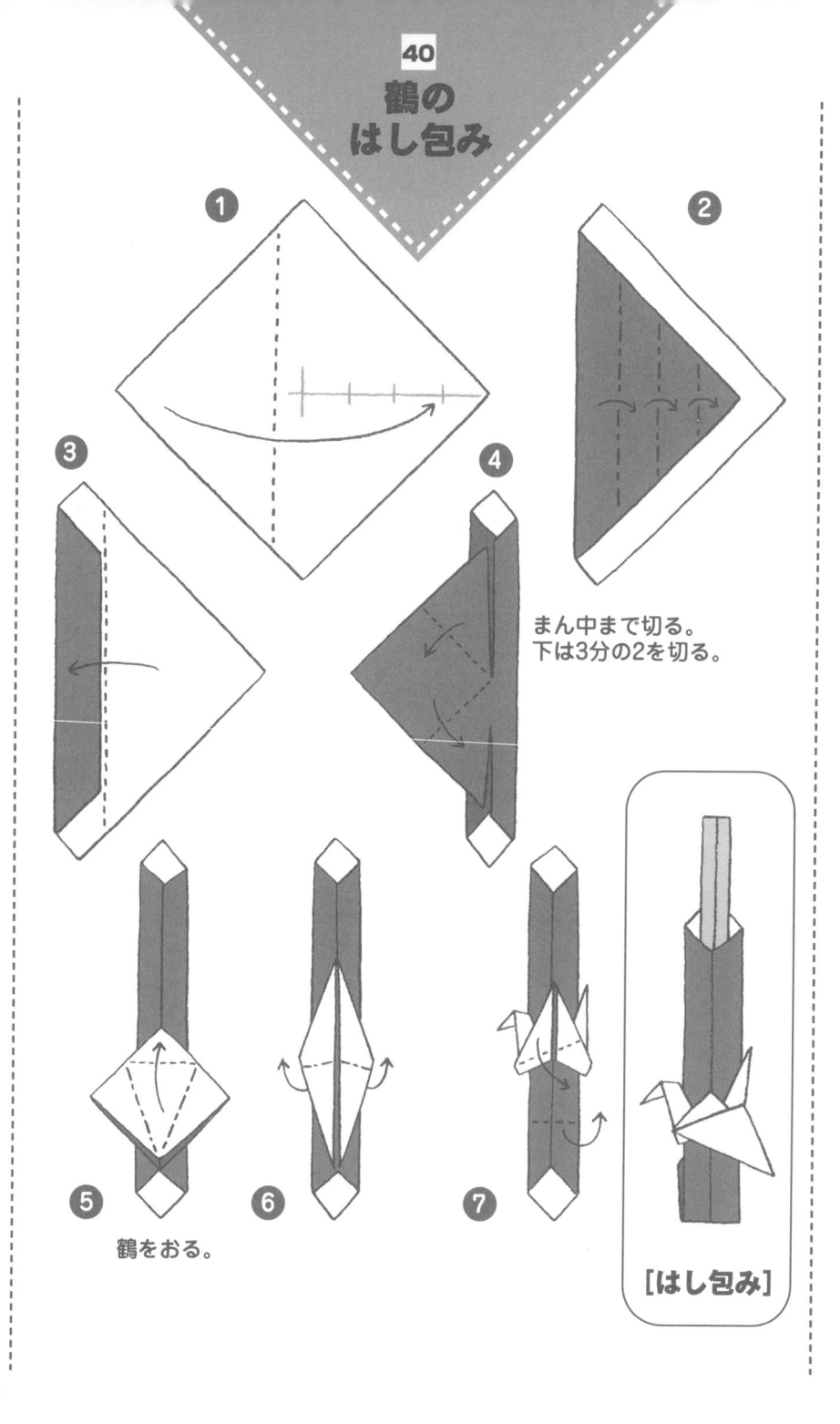

まん中まで切る。
下は3分の2を切る。

⑤ 鶴をおる。

[はし包み]

41 鶴の年玉包み

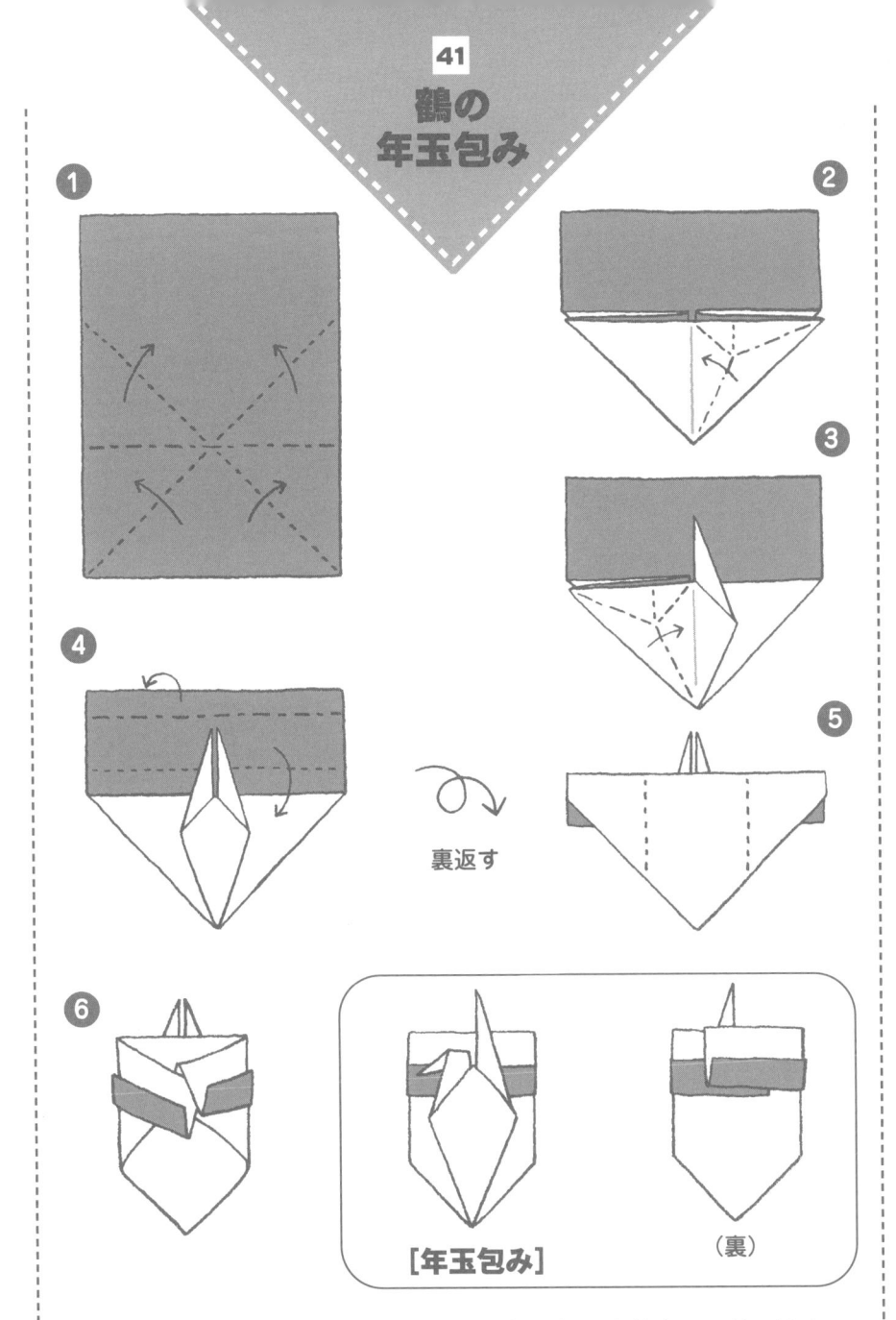

裏返す

[年玉包み]　（裏）

　本来は、"檀紙"や"奉書紙"などの白い和紙を使うが、片面が紅か金の紙でおると中央に色違いの帯がおりだされる。大きさは自由だが、半紙でおった場合、紙幣は3つおりで入れる。

42 鶴の祝い包み

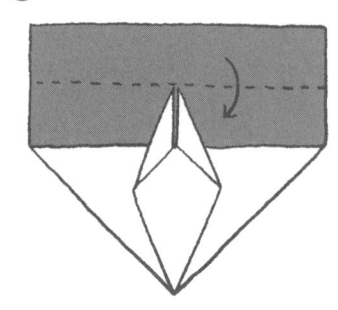

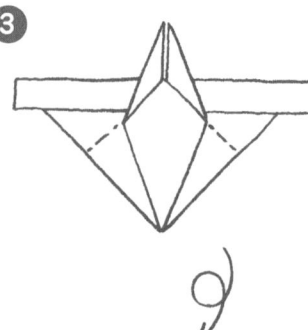

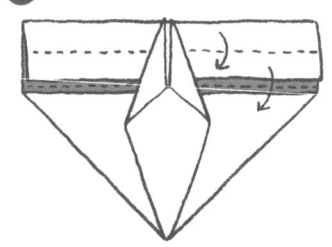

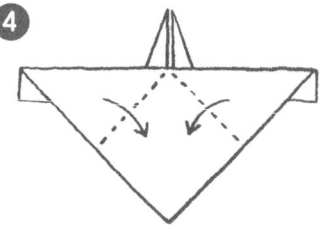

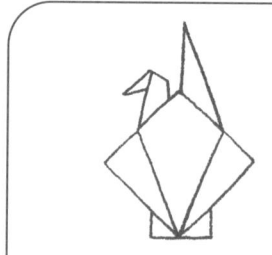

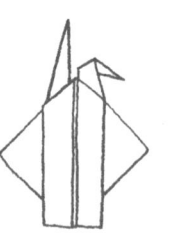

❶

❷

❸

❹

[祝い包み]　（裏）

43 鶴の慶事 粉包み

正方形の紙を使用。"縁紅紙"を使ってもいい。15cmのおり紙でつくって、"ポチ"袋としてもいいだろう。

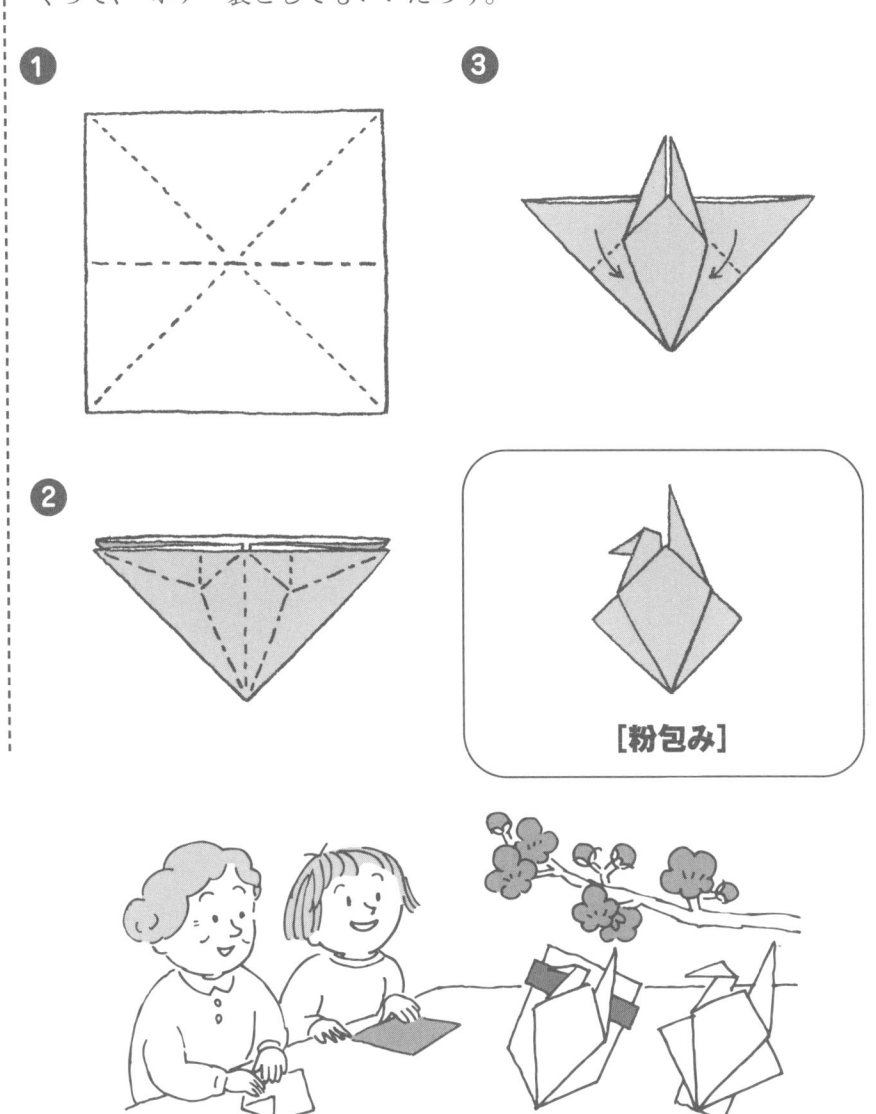

❶

❷

❸

[粉包み]

編著者紹介
●
浅利信一（あさりしんいち）

1931年群馬県前橋市生まれ
人形劇団こぐま座主宰
劇団新児童客員、東京童話会本部委員
児童文化財を探る会会長、紙と遊ぶ会会長などを務める。
人形劇巡演のかたわら、児童館、社教館などで、
工作、おり紙の指導にあたっている。
著書に、『紙と遊ぶ』（家の光協会・共著）などがある。
埼玉県比企郡小川町小川516-1　ダイアパレス小川323
電話：0493-74-2596　FAX：0493-72-4459

編集●持丸恵美子
イラスト●矢口由美子、はやしゆうこ
ブックデザイン●杉本礼子（エクリル・シス）

高齢者が楽しめる　伝承おり紙教室

2003年5月5日　第1刷発行

編著者●浅利信一 ©
発行人●新沼光太郎
発行所●株式会社いかだ社
〒102-0072 東京都千代田区飯田橋2-4-10加島ビル
TEL 03-3234-5365　　FAX 03-3234-5308
振替・00130-2-572993
印刷・製本　株式会社ミツワ

乱丁・落丁の場合はお取り換えいたします。
ISBN4-87051-130-4

いかだ社の本

おり紙たこ＆カイト ワンダーランド　かんたん！よくあがる！ベスト26
■土岐幹男編著　B5判96ページ　定価（本体1500円＋税）

おり紙ヒコーキ ワンダーランド　やさしくおれてよく飛ぶ19機
■戸田拓夫著　A5判100ページ　定価（本体1300円＋税）

おり紙マジック ワンダーランド　紙1枚であなたもマジシャン
■藤原邦恭著　B5判96ページ　定価（本体1400円＋税）

おり紙メール ワンダーランド　紙1枚がびっくり手紙に大変身
■藤原邦恭著　B5判96ページ　定価（本体1400円＋税）

おり紙シアター ワンダーランド　紙1枚で演じる不思議な紙しばい
■藤原邦恭著　B5判96ページ　定価（本体1400円＋税）

壁面ポップ＆イラストBOOK　教室で役立つカラーコーディネート満載！
■桜木恵美・後藤阿澄著　B5判96ページ　定価（本体1800円＋税）

遊び・ゲーム ワンダーランド　楽しさいっぱい100プラス8
■奥田靖二編著　A5判224ページ　定価（本体1800円＋税）

室内遊び・ゲーム ワンダーランド　いつだって楽しめちゃうベスト92
■木村　研編著　A5判176ページ　定価（本体1800円＋税）

体育遊び・ゲーム ワンダーランド PART.1／PART.2
■黒井信隆編著　A5判192ページ（PART.1）／152ページ（PART.2）　定価各（本体1800円＋税）

障害児の遊び・ゲーム ワンダーランド　校庭・室内、どこでも楽しい体育遊び ベスト87
■竹内　進編著　A5判196ページ　定価（本体1800円＋税）

手品＆マジック ワンダーランド　子どもがよろこぶ手品完全マスター30プラス2
■奥田靖二編著　A5判128ページ　定価（本体1400円＋税）

手づくりおもちゃ＆遊び ワンダーランド　だれでもつくれて遊べる100プラス発展11
■木村　研編著　A5判208ページ　定価（本体1800円＋税）

紙のおもちゃランド　つくって楽しい遊んで楽しいベスト79
■すずお泰樹編著　A5判176ページ　定価（本体1800円＋税）

まるごとペットボトル リサイクル工作ランド　動くぞ！楽しいぞ！空き容器でつくるおもしろグッズ
■すずお泰樹編著　A5判96ページ　定価（本体1300円＋税）

まるごと牛乳パック リサイクル工作ランド　おもちゃ！ゲーム！空き容器でつくるおもしろグッズ
■木村　研編著　A5判96ページ　定価（本体1300円＋税）

100円ショップで手づくりおもちゃ　夢がふくらむベスト40
■吉田未希子著　A5判96ページ　定価（本体1300円＋税）

100円ショップで手づくりマジック　あなたも今日から魔法使い
■藤原邦恭著　A5判96ページ　定価（本体1300円＋税）

手づくりあみ機で楽しむ あみもの＆プレゼントグッズ
■木村　研編著　A5判96ページ　定価（本体1300円＋税）

使い方いろいろ デザイン・カット集　①春夏ランド②夏秋ランド③秋冬ランド
■B5判各128ページ　定価各（本体1800円＋税）　全3巻

バラエティーカット集 全3巻　①給食＆保健カット②春夏秋冬草花カット③スーパー立体カット
■B5判各96ページ　定価各（本体1800円＋税）